山と溪谷社

PHOTOGRAPHING &
HIKING GUIDEBOOK
FOR SUPERB VIEWS
OF MT. FUJI

すばらしい
富士に出逢える！

富士山絶景

渡邊明博

撮影登山ガイド

目次 CONTENTS

上毛高原駅へ
水上ICへ
46
渋川駅
渋川伊香保IC
前橋駅
群馬県
安中榛名駅
高崎駅
高崎Jct
藤岡Jct
北関東自動車道
水井沢IC
上信越自動車道
本庄早稲田駅
熊谷駅
花園IC
渡良瀬川
桐生駅
両毛線
日光駅へ
宇都宮駅
栃木県
11
栃木都賀Jct
栃木駅
岩舟Jct
佐野藤岡IC
小山駅
東北自動車道
東北新幹線
真岡IC
北関東自動車道
日立中央ICへ
水戸IC
友部Jct
6
鬼怒川
利根川
久喜駅
上越新幹線
高崎線
土浦北IC
土浦駅
茨城県
霞ヶ浦
つくばJct
常磐線
圏央道
荒川
八高線
関越自動車道
埼玉県
川越駅
大宮駅
江戸川
川口Jct
三郷Jct
外環自動車道
成田線
成田駅
新空港IC
圏央道
秩父駅
奥多摩駅
青梅線
立川駅
練馬IC
東京都
新宿駅
東京駅
八王子IC
八王子駅
東京IC
宮野木Jct
千葉駅
総武本線
京葉線
荒川
羽田空港
多摩川
蘇我IC
新横浜駅
横浜駅
東京湾
内房線
館山自動車道
千葉県
茂原駅
厚木IC
東名高速道路
神奈川県
木更津駅
木更津Jct
圏央道
東海道新幹線
横須賀線
相模川
三浦半島
富津竹岡IC
房総半島
外房線
安房鴨川駅
相模湾
相模灘
館山駅
大月駅
河口湖IC
富士山
御殿場線
御殿場駅
御殿場Jct
御殿場IC
芦ノ湖
小田原駅
東名高速道路
東海道本線
熱海駅
沼津駅
三島駅
伊東駅
伊豆急行
伊豆半島
伊豆急下田駅
大島
太平洋
25km
50km
75km
100km
150km
32
50
51
38
27
44
30
47
4
37
48
22
26
7
19
14
23
21
2
33
36
28
9
40
45
5
49
18
43
31
4
8
10
35
17
25
20
16
41
15
N
1:1,000,000
0
20km

富士山絶景撮影登山ガイド

紹介山岳全図

1 蕎麦粒山
2 要害山
3 十二ヶ岳
4 塔ノ岳
5 鳥ノ胸山
6 筑波山
7 岩殿山
8 石割山
9 御前山
10 鍋割山
11 太平山
12 甘利山
13 朝鮮岩
14 景信山
15 三原山
16 万二郎岳
17 仙元山
18 三ツ峠山
19 生藤山
20 金時山
21 菊花山
22 槇寄山
23 白谷ノ丸
24 毛無山
25 伊予ヶ岳
26 聖武連山
27 惣岳山
28 高川山
29 竜ヶ岳
30 鋸山
31 菰釣山
32 奈良倉山
33 八重山
34 乾徳山
35 大野山
36 高尾山
37 扇山
38 大沢山
39 雪頭ヶ岳
40 檜洞丸
41 達磨山
42 弥三郎岳
43 高座山
44 鷹ノ巣山
45 二十六夜山
46 駒ヶ岳
47 大岳山
48 雁ヶ腹摺山
49 日高
50 三ツ森北峰
51 笠取山

「富士山絶景」撮影指南

STEP 1 撮影ポイントの見つけ方

私、渡邉が実践している撮影ポイントの見つけ方を紹介する。パソコンの活用で格段に見つけやすくなった。

A 山岳ソフトを活用する

今の時代、撮影ポイントを探すためにパソコンを使わない手はない。山岳シミュレーションソフトを使うとよいが、その代表的なものは「天体山望」と「カシミール」だ。いずれも地図を3Dで表わし、太陽や月の出てくる方向や沈む位置と時間を正確に表示するので、ダイヤモンド富士やパール富士の撮影ポイントを探すのに役立つ。また、「天体山望」では撮影レンズを選択できるので、富士山の見え方が一目瞭然なのだ。

ここからは、天体山望の画像を元に解説してみよう。

01 蕎麦粒山 (P14)

蕎麦粒山では、ほぼこの画像どおりに撮影できた。シミュレーションした太陽の位置が決め手になった好例である。この山は、次ページの天気を読むコーナーでも解説しているが、天気図から薄い雲が少し残ると読み、天気と太陽の位置を考え、よい作品を撮れると見込んで急遽、訪れたのだ。

20 金時山 (P90)

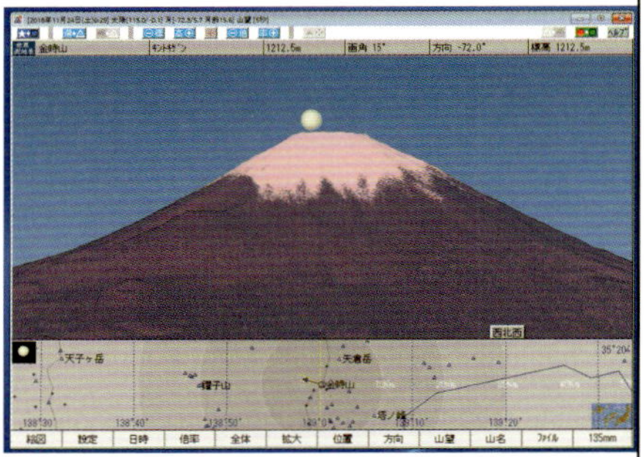

金時山から狙ったパール富士である。ソフトの画像を見ると、金時山の山頂から撮影したのでは満月の位置が富士山の山頂から少しずれてしまうのがわかる。そのため、私はその差を読み、山頂より少し東方向に移動した登山道から狙ったのだ。こうした細かい調整もできる。

29 竜ヶ岳 (P126)

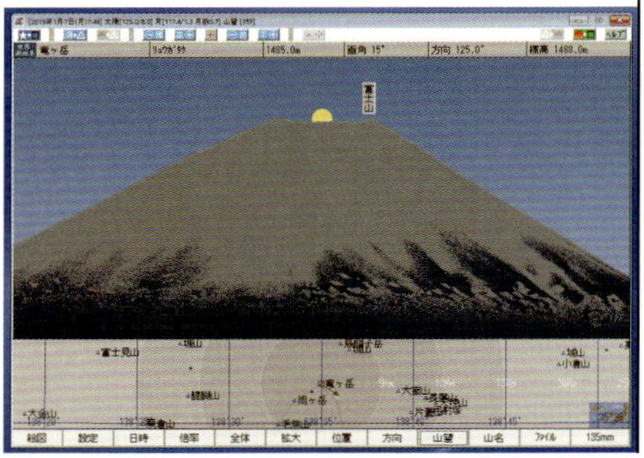

竜ヶ岳は正月にダイヤモンド富士が見られることで知られるが、現実には正月に太陽が上がるのは頂上の真上ではない。2019年なら、1月7日の朝7時46分。ソフトを使って山頂の真上に太陽が半分顔を出すことを計算し、狙った。幸い、天候に恵まれ、撮影は大成功だった。

「天体山望」(ハンフリー)
☎042-661-8966 https://hanfree.jimdo.com

B ガイドブックを活用する

登山のガイドブックを読むと、「富士山が見える」「富士を望む」などと書かれていることがあり、この言葉がヒントとなる。県別やエリア別など多数のガイドブックが出版され、探す時間はかかるが、案外楽しい作業だ。目星をつけたら、次に山岳ソフトやウェブサイトなどで実際にどう見えるかを確認する。また、写真家の写真集も資料になる。

C ヤマレコを活用する

写真から現在の残雪状況が一目でわかり、ありがたい

ヤマレコは登山日や実際に歩いたルートが掲載される

登山者が下山後すぐに山行報告をするウェブサイトがヤマレコである。ヤマレコの素晴らしさはタイムラグがないことだ。「雪が残っている」「ツツジが咲いている」「道標が変わっていた」などと、タイムリーな情報が非常に役立つ。ぜひとも活用したい。

ただし、大事なのは富士山を撮るカメラマンの目線で情報を見ること。一般登山者が記録のためにアップした写真のなかには、意外な場所で富士山が見えているものがあるのだ。見逃さないように。

D 本番前に予想をしておく

撮影ポイントに着いたら、まずは周りの状況を把握し、三脚をどこに立てるかを考えよう。「前景に何を入れるか」「この光のときはここで撮る」「太陽が出たらこの角度で」など、さまざまな状況を頭に描いておくこと。使用レンズも事前に決めておくように。

E 観光ガイドを閲覧する

意外な穴場が掲載されているのが各地の観光ガイドだ。自治体のホームページや観光パンフレットに、思いもよらない角度からの富士山が載っていることがある。地元の人しか行かないような場所が絶好の撮影ポイントであることも。実際に私もいくつかのポイントを見つけた。

STEP 2

天気を読む

富士山の撮影で大事なのは、天気を広い視点で読むこと。登る山だけでなく、富士山周辺の天気が重要だ。

A 低気圧と高気圧

たとえば、富士五湖では晴れて富士山が見えていても、離れるほど霞んで見える。また、高尾山から富士山を狙うなら伊豆半島、富士宮、浜松、甲府、大月、箱根など富士山周辺の天気も気になるところ。ぜひ天気図の読み方をマスターしてほしい。

基本として、低気圧は風が中心に吹き込むために上昇気流が発生し、雲ができて雨になる。一方、高気圧は中心から風が吹き出すために下降気流が発生し、雲ができにくい。一般的に低気圧では天気が崩れ、高気圧では晴れる。また、等圧線が混み合うほど風が強い。撮影日の実際の天気図で解説してみよう。

1 蕎麦粒山 (P14)

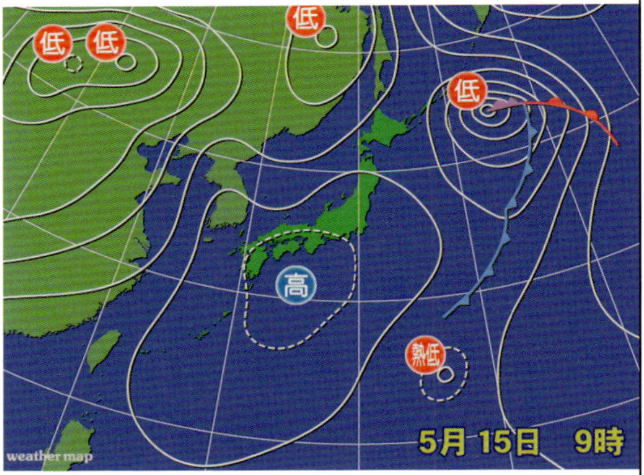

これは奥大井の蕎麦粒山で撮影したときの天気図だ。低気圧が日本列島を抜けて移動性の高気圧に覆われているため、快晴なことは間違いない。しかし、ここに自分流の読みを加えた。低気圧は抜けたが、薄い雲が少し残ると読んだのだ。結果は予想どおり、わずかに雲が残り、朝日がディフューズされ、太陽の輪郭が浮かび上がる、美しい作品を撮ることができた。

6 筑波山 (P34)

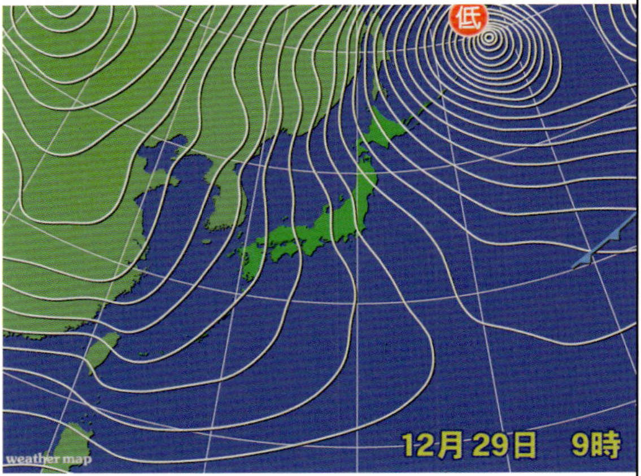

関東の独立峰、茨城県の筑波山で撮影したときの天気図である。一目見てわかるように、西高東低の典型的な冬型の気圧配置だ。風は強いが関東平野は澄みわたる快晴になることが読める。実際もそのとおりで、筑波山では時折、強風がビュービューと吹いたが、その分、空気の透明度が高く、160km離れた富士山でもハッキリと見えたのだった。

EXTRA

天気を読むサイト

山の天気

https://tenki.jp/mountain/

山名で天気予報を確認できる。雨雲の動きや雷危険度も確認できる。

富士山ライブカメラ富士五湖TV

http://www.fujigoko.tv/live/

富士山周辺の地域から撮影したライブカメラ。富士山の天気をリアルタイムで把握できる。

レーダー・ナウキャスト

https://www.jma.go.jp/jp/radnowc/

気象レーダーによる5分ごとの降水強度分布が表示されるため、タイムラグなく雨雲を確認できる。

ソネット天気予報

https://www.so-net.ne.jp/weather/

全国の市町村ごとの天気予報がわかる。

気象情報 NHK総合

(月~金18:52~、土日18:53~)

ネットサイトではないが、天気予報としてはいちばん詳しく、解説がわかりやすい。天気の豆知識も学べる。

10 鍋割山 (P50)

丹沢の鍋割山での撮影前日のもの。作品は降雪直後を捉えた。この後、九州の西の低気圧が日本列島の南岸を通過して、丹沢の山々に雪をもたらしたのだ。寒気の強さにもよるが、一般的に八丈島付近を南岸低気圧が通過すると大雪になるといわれ、それより遠ければみぞれ、もっと遠ければ雨になる。この日は八丈島より少し離れた位置を通過したので気温はさほど下がらず、下界はみぞれ、鍋割山は30㎝の積雪だった。

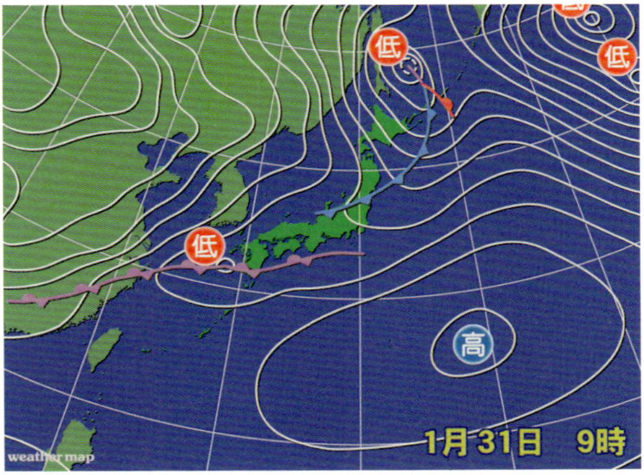

46 駒ヶ岳 (P194)

この天気図は、西高東低の冬型で、一見、高気圧に覆われているように見える。だが、群馬県にある赤城山の駒ヶ岳は快晴だが高気圧の縁にあたり、強風が吹き荒れていた。撮影や登高は大変だったが、おかげで雪稜の雪煙を撮ることができた。幸運だったと思う。なお、気温は100mを登るにつれて0.6℃下がるので、冬の駒ヶ岳では雪山装備が必携である。

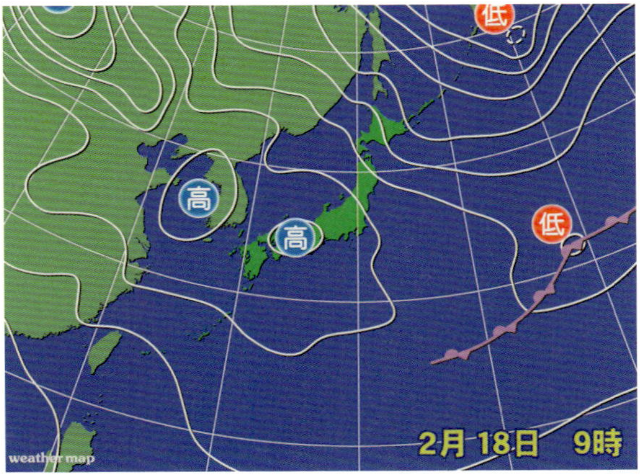

画像引用元:株式会社ウェザーマップ『気象人』(http://kishojin.weathermap.jp/)

STEP 3

撮影登山の装備

「富士山絶景」撮影指南

登山の装備は人によって異なるのでこれがベストとは言えないが、道具選びのヒントにしてもらいたい。

A 道に迷わないために

登山ではGPSの活用をおすすめしたい。私はガーミンの端末を使用している。特に地元の人しか行かないような山は登山地図が手に入りにくく、登山口さえわからないこともある。GPSがあれば自分の居場所を確認できるため、進む方向がわかるだけでなく、コースを外れた場合も瞬時にわかり、戻ることができる。

また、今ではスマートフォンのGPSもかなり精度が高く、さらに登山用の地図アプリをダウンロードすることで優秀な道具になる。電波が圏外の山中でも使える。機内モードにして消費電力を抑えるとよい。

右／私が使っているガーミンのGPS端末。これに何度も助けられたものだ　左／登山地図アプリは使い慣れれば、見やすく、扱いやすい。有料と無料いずれもある。

B 暗い中を歩くために

ダイヤモンド富士やパール富士など、富士山ならではの絶景撮影のために夜道を歩くことはよくあることなのでヘッドライトは必携だ。特に、初めて登る山や、あまり人が入らない山に登るときは、コースを見極めるために欠かせない。

ヘッドライトはできるだけ明るいものを使用すること。私の場合はヘッドライトと照射ライトの2台を使用している。ヘッドライトは足元を照らし、照射ライトは手に持ったりザックに付けて行く先を照らすようにしている。夜間に活動する動物よけにもなる。予備の電池も忘れないように。

右／ライトは明るさ重視で選びたい。ヘッドライトはLEDで星空撮影でも使える赤色ライト付きがよい　左／足元と前方の2カ所を照らせるように2つ使用する。

C ブヨ対策

時にはブヨが多い山に入ることもある。ブヨに刺されると強烈なかゆみが数週間も続いて苦痛だ。長袖、長ズボンで肌を隠すのは基本だが、顔や手にも対策をとりたい。おすすめは自家製ハッカスプレー。多めに作り、こまめに全身に吹きつけると効果的だ。ハチにも効く。

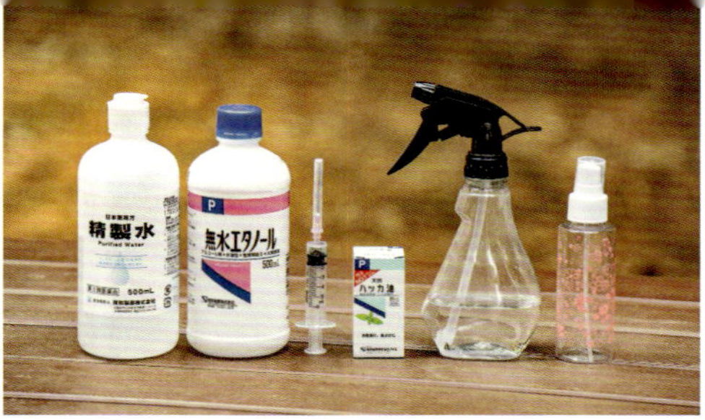

ハッカスプレーの作り方（100㎖）　私の調合割合は、精製水90㎖＋無水エタノール10㎖＋ハッカ油5〜10滴。無水エタノールと精製水を混ぜてからハッカ油を入れ、よく振ったら完成。なお、精製水は水道水で代用しても問題はない。

D スマートフォン

緊急時の連絡に役立つことは言うまでもないが、雨雲のリアルタイムな動きをはじめ、日の出・日の入りの時刻、電車やバスの発車時刻や連絡先など、さまざまな情報を得られるスマートフォンは、今や登山の必携アイテムと言えるだろう。

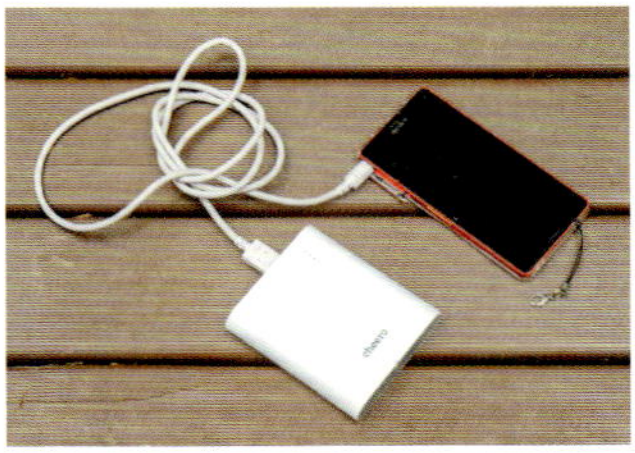

できれば衝撃に強いモデルを選びたい。モバイルバッテリーを携行すると安心だ

E ラジオと鈴を携帯しよう

一人で登山をする場合は、動物よけにラジオと鈴を持つといい。クマやイノシシなどの動物とは出くわさないことが大事で、ラジオや鈴を鳴らしてこちらの存在を知らせることが最善策なのだ。

上／ラジオは不安や寂しさも紛らわせてくれる　下／鈴はストックに付けるといい。これなら歩くと必ず鳴る

F ソーラーランタン

これは私のいち押しアイテム。ツエルトやテントを持参しての山中泊登山時に役立つ、膨らませて使用するタイプだ。携行に便利で明るく、何より電池が不要なのがいい。車の中での仮眠時にも活用できる。

上／たためばこんなに小さく、軽い　下／直射日光に8時間当てればフル充電でき、最大12時間点灯する

G 90ℓのごみ袋など

あると便利なアイテムとしては90ℓのごみ袋。人間がひとりすっぽり入れるので、最低限のビバークアイテムになる。また、降雪直後の低山では気温が上がると木の枝に積もった雪が落ちてくるので、折り畳み傘があると便利。

本書の使い方

本書は、富士山の絶景を眺められる
首都圏および近郊にある51低山を紹介した
登山のコースガイドブックです。
各山から撮った
美しい富士山の絶景写真作品とともに、
撮影時の状況やアドバイス、
カメラ機材のデータなども掲載し、
撮影ガイドブックとしても活用できます。

PHOTOGRAPH

目覚めの時間《とき》 16

GUIDE

16

①

静岡県
天城山

万《ばん》二《じ》郎《ろう》岳《だけ》

標高 1299 m

登山道はぬかるんだ箇所が多い

万二郎岳と万三郎岳へは四辻からぐるりと周回する

広い登山者用駐車場がシャクナゲ開花期には満車に

展望はほとんどない万二郎岳の山頂

②

目覚めの時間《とき》

年月 2019年3月撮影

機材 ニコンD810 | レンズ150-600 F5.6

設定 絞りF11 | 1/90秒 | ISO400 | 150㎜で撮影

COMMENT

天城山には富士山が見える場所が少なく、太平洋側なので靄も湧きやすい。リスクは承知のうえで通ったものだ。この日は夜明けとともに富士山が浮かび上がった。やや霞んだが、かえって神秘的で納得できる作品となった。

ADVICE

復路の涸沢分岐点から先はコース中一番の難所。日が差しにくい暗い道で、ロープが設置された箇所もある。下りが苦手な人は反対回りでこちらを登りにしてもいい。

③

[往復]

JR伊東線・伊東駅
↑バス約55分、1000円
伊豆東海バス伊東事業所
↓☎0557-37-5121
天城縦走登山口バス停

※伊東駅から天城東急リゾート行きシャトルバスに乗車する。

076

① 山名・所在地・標高

紹介するコースの主目的地となる山名、地名を表題にしています。所在地は表題の山頂が位置する都県とエリア名または市町村名。標高は小数点以下を四捨五入した数字です。

② 作品・撮影情報

前ページにカラーで掲載している富士山の絶景写真作品についての情報をまとめています。撮影年月、カメラやレンズなど使用機材、セッティングのデータに加えて、撮影時の気象条件や山の状況、作品に対する思い、登山での注意点などを、コメント、アドバイスとして紹介しています。

③ アクセス情報

公共交通機関やタクシー利用を前提に、登山口最寄りの鉄道駅を起点としています。バスやタクシーの運行時刻や料金は事前に確認してください。マイカー情報では、おもに入・下山口周辺の駐車場について紹介しています。撮影登山での行動は、公共交通機関が利用できない時間帯になることもありますが、マイカー利用時は必ず定められたスペースに駐車し、近隣の住民や他の登山者の迷惑にならないよう留意してください。

④ コースマップ

入山口から主目的地、下山口を結ぶルートを示したコースマップです。📷は前ページの写真作品を撮影したポイントです。縮尺はコースごとに異なるので地図中のスケールを参照してください。参考コースタイムは地図中の所要時間の合計で、休憩などの時間は含みません。コースタイムはあくまで目安と考え、天候や登山道の状況、各自の経験や体力に応じて余裕のある登山計画と行動を心がけてください。実際の登山ではこのコースマップを参考に、国土地理院発行の地形図や登山専用地図を利用してください。

⑤ 問合せ先

登山地の情報が得られる地元自治体の役所・役場や観光協会、観光案内所、ビジターセンター、入・下山に利用できるタクシー会社、ルート上にある山小屋、下山後に入浴可能な日帰り温泉などの連絡先を掲載しています。

⑥ ガイド本文

出発から到着までコースの経路を説明するとともに、著者の目線でコースの魅力や見どころ、注意点などをわかりやすく解説しています。本文中の山名、地名は基本的に国土地理院発行の地形図に準拠していますが、一部は登山で一般的な名称・呼称を用いています。

from
Banjiroudake

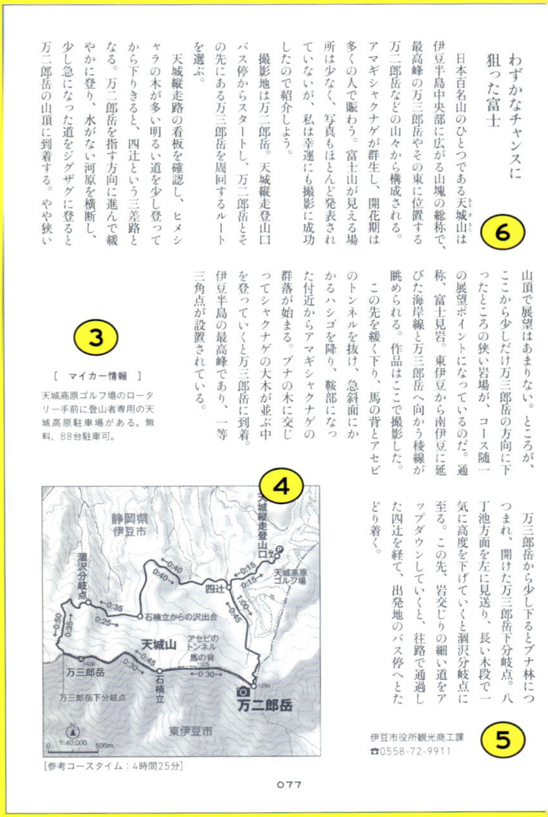

⑥

わずかなチャンスに
狙った富士

日本百名山のひとつである天城山《あまぎさん》は伊豆半島中央部に広がる山塊の総称で、最高峰の万三郎岳やその東に位置する万二郎岳などの山々から構成される。アマギシャクナゲが群生し、開花期は多くの人で賑わう。富士山が見える場所は少なく、写真もほとんど発表されていないが、私は幸運にも撮影に成功したので紹介しよう。

撮影地は万二郎岳。天城縦走登山口バス停からスタートし、万二郎岳とその先にある万三郎岳を周回するルートを選ぶ。

天城縦走路の看板を確認し、ヒメシャラの木が多い明るい道を少し登ってから下りきると、四辻という三差路となる。万二郎岳を指す方向に進んで緩やかに登り、水がない河原を横断し、少し急になった道をジグザグに登ると万二郎岳の山頂に到着する。やや狭い山頂で展望はあまりない。ところが、ここから少しだけ万三郎岳の方向に下ったところの狭い岩場が、コース随一の展望ポイントになっているのだ。通称、富士見岩。東伊豆から南伊豆に延びた海岸線と万三郎岳へ向かう稜線が眺められる。作品はここで撮影した。

この先を緩く下り、馬の背とアセビのトンネルを抜け、急斜面にかかるハシゴを降り、鞍部になった付近からアマギシャクナゲの群落が始まる。ブナの木に交じってシャクナゲの大木が並ぶ中を登っていくと万三郎岳に到着。伊豆半島の最高峰であり、一等三角点が設置されている。

万三郎岳から少し下るとブナ林につつまれ、開けた万三郎岳下分岐点。八丁池方面を左に見送り、長い木段で一気に高度を下げていくと涸沢分岐点に至る。この先、岩交じりの細い道をアップダウンしていくと、往路で通過した四辻を経て、出発地のバス停へとたどり着く。

③

[マイカー情報]

天城高原ゴルフ場のロータリー手前に登山者専用の天城高原駐車場がある。無料、88台駐車可。

④

[参考コースタイム：4時間25分]

⑤

伊豆市役所観光商工課
☎0558-72-9911

077

幻想の朝

from
Sobatsubuyama

1

静岡県
奥大井

蕎麦《そば》粒《つぶ》山《やま》

標高1628m

シロヤシオツツジが多く見られ、開花期は実に華やかだ

ブナの巨木が立ち並ぶ登山道

40台ほど駐車できる広い登山口。後ろに蕎麦粒山が見える

東面が開けた山頂。展望案内板やベンチがある

山犬段にある休憩舎は広くてきれい。泊まることもできる

[往復]

大井川鐵道・田野口駅

↕ タクシー約40分、約9000円
大鉄タクシー千頭営業所（要予約）
☎0547-59-2355

山犬段

※最寄り駅から登山口まではバス便がなく、歩くと約6時間かかるため、タクシー利用が便利。ただし、駅前に常駐していないので他駅から回送するため事前に予約を。下山時のタクシー予約も忘れずに。

幻想の朝

年月 2018年5月撮影

機材 ニコンD810 | レンズ150-600 F5.6

設定 絞りF11 | 1/1000秒 | ISO200 | 600mmで撮影

COMMENT

直前まで天気予報と太陽の昇る位置を考え、行くかどうか悩んでいたが、最終的に“薄い高層雲が残る晴れ”と睨み、出発した。読みは的中し、薄雲の中に富士山が浮かび、太陽がクッキリと見える、大満足の作品が撮れた。

ADVICE

蕎麦粒山の山頂から富士山を狙う場合は距離があるので長めのレンズが必要だ。また、蕎麦粒山から高塚山、板取山、天水をたどり、寸又峡温泉に下山する縦走も楽しい。

未来を見つめる
ライジングサン

寸又峡《すまたきょう》の奥で、南アルプスの深南部に位置し、奥大井県立自然公園に指定されている蕎麦粒山。登山口までのアプローチが長いため敬遠されがちだが、その分、手つかずのゆたかな自然が残っている。

特に、登山口となる山犬段《やまいぬだん》はブナやミズナラの林が美しく、シロヤシオやミツバツツジも多い。さらにはサルやカモシカが多く生息するなど、動植物の宝庫になっている。

国道362号から、ところどころに水たまりがあるダート道の南赤石林道を車で進み、山犬段へ。宿泊も可能な木造の休憩舎がある。この小屋の横から、立派なブナが交じるツガの原生林の中を楽しみながら登っていく。開花期ならば、シロヤシオが目につくようになると山頂に到着だ。ちなみに、蕎麦粒山はこのシロヤシオの群生で名高く、5月の最盛期には純白の花々に取り囲まれる。

山頂からは東方面の展望が得られ、富士山をはじめ、大無間山《だいむげんやま》や朝日岳、山伏《やんぶし》、十枚山も望む。遠くには伊豆半島まで眺められる。

作品は、富士山の背後より太陽が上がってくるのを狙った。日の出とともに空が色づいてくると、肉眼でもハッキリと太陽が見えた。富士山の上に薄い雲が入ったことで朝日がディフューズされ、太陽の輪郭を捉えることができたのだ。最高のシチュエーションとなった。

また、蕎麦粒山は富士山以外にも被写体が多く、ブナの巨木を撮影するだけでも価値がある。日中は蕎麦粒山の山頂から約4時間30分で往復できる高塚山や、林道途中に登山口がある大札山など、周辺の山を散策し、夜は山犬段の休憩舎に泊まり、朝夕の富士山を狙うという、じっくり撮影山行が望ましいプランだ。

［　マイカー情報　］

山犬段に約40台の無料駐車場がある。ただし、12月下旬〜3月下旬は山犬段に通じる林道が閉鎖するので注意を。

川根本町役場
☎0547-56-1111
大井川鐵道
☎0547-45-4111

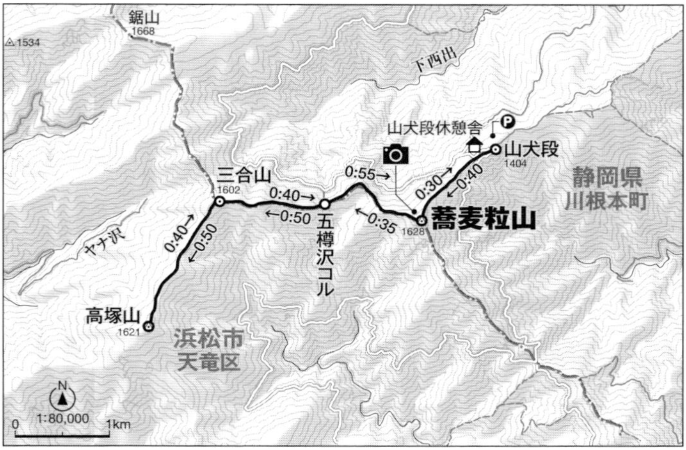

［参考コースタイム：5時間40分］

紅彩の彼方に　2

from
Yougaisan

2

山梨県
上野原市

要《よう》害《がい》山《さん》

標高 536 m

山頂は平坦で広く、ベンチがあるので休憩に最適だ

「山神社」と書かれた鳥居の横から登山道に入る

別名、おっぱい山とも呼ばれる山容。上野原市街から

山頂付近からは上野原市街が一望できる

[行き]

JR中央本線・上野原駅

↓ バス約16分、310円
富士急バス上野原営業所
☎0554-63-1260

鏡渡橋バス停

[帰り]

尾続バス停

↓ バス約20分、350円
富士急バス上野原営業所
☎0554-63-1260

JR中央本線・上野原駅

※上野原駅からは飯尾、または松姫峠方面のバスに乗車を。

紅彩の彼方に

年月　2018年4月撮影

機材　ニコンD810 | レンズ17-35　F2.8

設定　絞りF22 | 1/20秒 | ISO200 | 35㎜で撮影

COMMENT

撮影時期を悩んだ末、ヤマツツジの開花期に狙いを定めた。幸い、ツツジが咲く斜面は西側に多く、朝は斜光線になる。思い切ってハイアングルでトンネル構図っぽくフレーミングをした。遠近感ある斬新な構図となった。

ADVICE

地元ではよく登られているコースで、道標も登山道も整備されているので安心だ。行きも帰りも、バスの時間の都合が悪いときは、本数が多い新井バス停を利用するとよい。

見晴らしのよい砦は穴場的周回コース

要害山はかつて、甲斐、相模、武蔵の国境警備の砦が築かれていたとされ、上野原近辺で最大規模を誇る史跡。要害山とコヤシロ山、尾続山《おづくやま》をU字状に周回するコースはアクセスしやすく、各所から富士山を望むことができる。魅力満載でありながら、あまり知られていない穴場的コースだ。

上野原駅からバスで約16分、鏡渡橋からスタート。バス停前の車道を上がっていくと、赤い鳥居が立つ山神社へ上る階段があり、その前に要害山入口の道標がある。ここから本格的な登山道となり、やがて斜度が増してジグザグに登るようになる。途中の南面が開けたところから上野原市街が一望でき、傾斜が少し緩くなったら要害山山頂に到着。秋葉大権現が祀られた平坦で広い山頂は、4月下旬から5月上旬にツツジの花が咲き誇り、春ならサクラの花が迎えてくれる。南に富士山と中央沿線の山々、東に陣馬山から生藤山の稜線などを望む。

抜群の眺望を楽しんだら樹林帯の登山道をしばらく下ると分岐があるのでコヤシロ山の道標に従って直進しよう。登り返してヤセ尾根に出ると、眼下に登下の集落が見えてくる。この後、「風の神様」とロマンあふれる名前が書かれた看板と小さな祠がある小ピークに立つが、この前後はロープが張られた岩稜帯なので慎重に。風の神様からも富士山が美しく見える。

この先、ヒノキの巨木が並ぶ歩きやすい道の後、コヤシロ山に到着する。ここでも富士山を眺めたら、尾続バス停方面へ進む。南側には先ほど歩いてきた要害山から風の神様への山並みがよく見え、やがて一気に下って尾続山の山頂へ。ここからも富士山が見え、先に進むと前方が開けた展望台に出て、どんどんと高度を下げていくと、バス停に到着する。

上野原市観光協会☎0554-62-3150

[　マイカー情報　]

尾続バス停のすぐそばに尾続フラワー公園の無料駐車場があり、4台ほど駐車可能。ここに車を停め、徒歩15分で鏡渡橋へ行くことができる。

[参考コースタイム：3時間20分]

錦秋に冴える

from
Juunigatake

3

山梨県
御坂山塊

十《じゅう》二《に》ヶ《が》岳《たけ》

標高 1683 m

山頂直下はロープとクサリの連続。慎重に

西湖東口バス停付近にある登山者用の駐車場

不安定でかなり高度感ある吊り橋はスリル満点

一ヶ岳、二ヶ岳と、順に十二ヶ岳までの道標が

［ 行き ］

富士急行河口湖線・河口湖駅

↓ 西湖周遊バス約24分、440円
富士急バス本社営業所
☎0555-72-6877

毛無山登山口バス停

［ 帰り ］

十二ヶ岳登山口バス停

↓ 西湖周遊バス約27分、520円
富士急バス本社営業所
☎0555-72-6877

富士急行河口湖線・河口湖駅

※毛無山登山口と十二ヶ岳登山口のバス停は西湖周遊バスの路線。両方ともすぐ近くに西湖民宿村行きの路線の文化洞トンネルと桑留尾のバス停もある。

錦秋に冴える

年月 2011年10月撮影

機材 ニコンD300S ｜ レンズ17-35　F2.8

設定 絞りF11 ｜ 1/45秒 ｜ ISO200 ｜ 18㎜で撮影

COMMENT

十二ヶ岳に着くと一本の黄葉している大きなマツが西日を浴びて輝いていた。これは絵になると判断。ローアングルで構え、幹が暗くなるのでストロボを弱く発光した。偶然に出逢った素材を大切にした作品である。

ADVICE

けっこうな急斜面でロープやクサリが続くので、落ち着いて慎重に進みたい。「いずみの湯」から送迎バスはないが、近くに路線バスのバス停があり、河口湖駅まで行ける。

手に汗にぎる緊張の連続で登頂

御坂山塊のほぼ中央に位置する十二ヶ岳は、ロープやクサリの登り下りが続き、緊張感たっぷりのコース。また、終始、富士山を見ながらの稜線歩きができ、必ずや訪れてよかったと思うに違いない。ここでは毛無山を経由して十二ヶ岳に登頂し、温泉に向かって下山するコースを紹介しよう。

毛無山登山口でバスを降り、文化洞トンネルの脇にある道標に従って登山道へ。徐々に高度を上げていくと二股となり、左は小ピークを越える直登なので右へ進む。ジグザグに登っていき、長浜からの道と合流してそのまま尾根を行く。先ほど分かれた直登コースと合流すると、まもなくササとカヤトの急斜面となり、毛無山に着く。山頂からは左下に河口湖、右下に西湖《さいこ》、正面に足和田山が見え、その上に富士山がそびえている。

毛無山からは、一ヶ岳、二ヶ岳、三ヶ岳と、順番に次々とピークが続く。五ヶ岳へはロープを使うスリル満点の登行が待つ。急な登りで太いロープが2カ所付けられている十ヶ岳を過ぎると、本コース中で最大の難所が登場。岩溝状を太いロープを頼りに下りきり、かなり不安定な吊り橋を通過して、さらに露岩のクサリがある急登を登るのだ。冷や汗をかきつつも、まもなくで十二ヶ岳の山頂にたどり着く。眼下に西湖、その上に富士山、西に南アルプス連峰を望む。ここに一本のマツの木があり、絵画のような光景になったのが前ページ作品だ。

この先、金山、鬼ヶ岳へと足を延ばすのもいいが、ここでは桑留尾《くわるび》へ下山しよう。急な下りがしばらく続くのでロープを頼りにして慎重に。やがて、なだらかな樹林帯となり、十二ヶ岳登山口へ到着。ちょうどよく、「いずみの湯」があるので、汗を流して帰るとよいだろう。

［ マイカー情報 ］

文化洞トンネル付近は駐車不可。西湖東口バス停の近くに登山者用の毛無山・十二ヶ岳駐車場がある（無料）。河口湖方面に約700m下った先の河口湖町役場足和田出張所にも駐車可能。

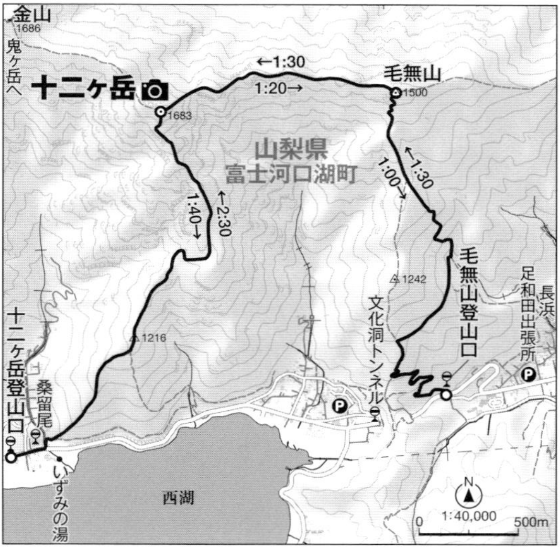

［参考コースタイム：4時間40分］

富士河口湖町役場☎0555-72-1111
富士急山梨ハイヤー☎0555-22-1800
いずみの湯☎0555-82-2641

4

星降る霊峰

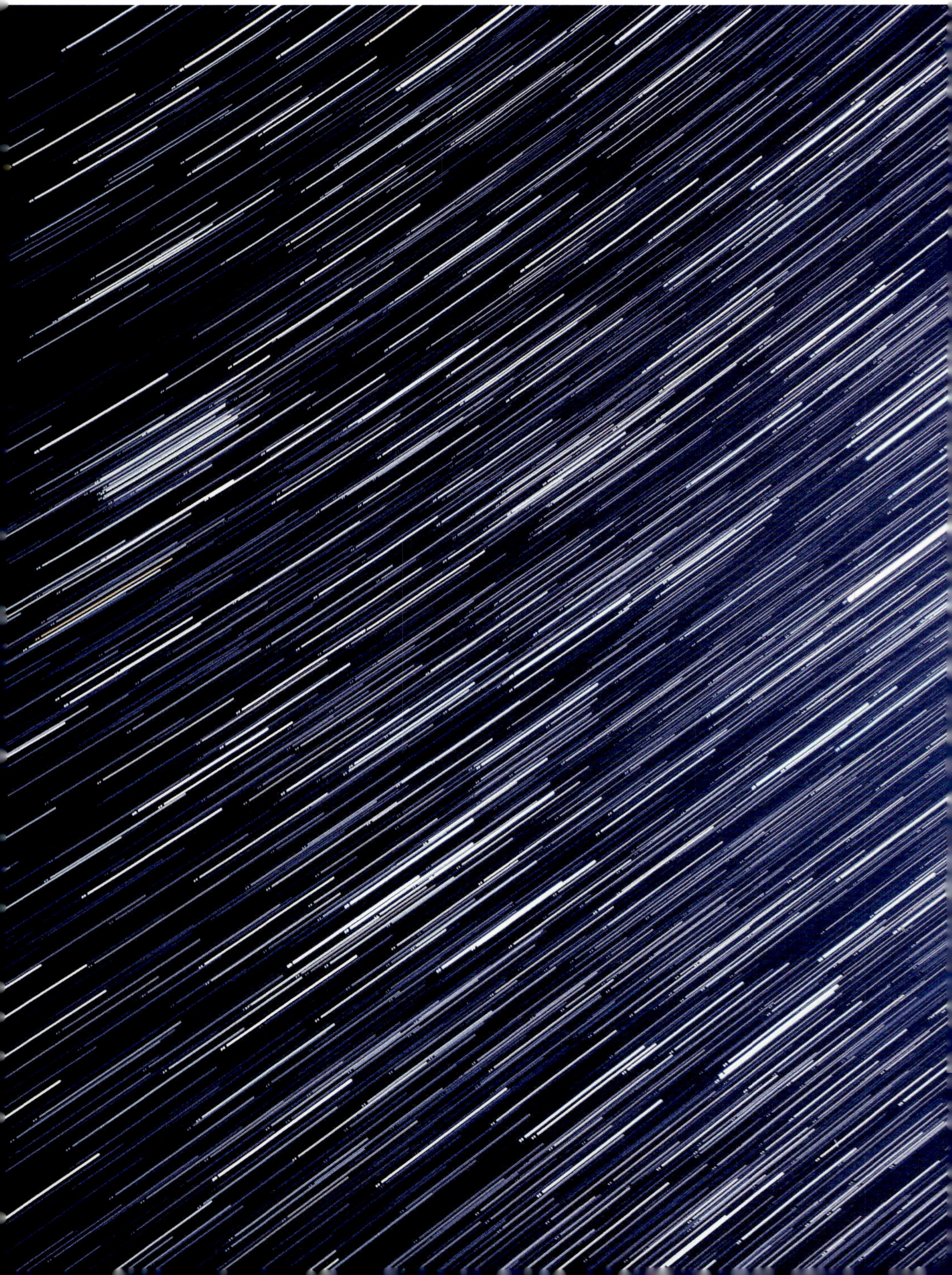

from
Tounodake

4

神奈川県
丹沢山塊

塔《とう》ノ《の》岳《だけ》

標高 1491m

山頂からは蛭ヶ岳をはじめ丹沢の主稜線を望む

大倉尾根のほぼ中間地点に立つ駒止茶屋

塔ノ岳山頂に立つ尊仏山荘。通年営業がありがたい

大勢が登る大倉尾根は階段状に整備されている

星降る霊峰

年月 2018年2月撮影

機材 ニコンD810 | レンズ24-70　F2.8

設定 絞りF2.8 | 1/8秒 | ISO1600 |
比較明合成 120枚 | 35mmで撮影

COMMENT

タイムラプスの比較明合成の作品。夜中1時過ぎから山荘で暖をとりつつ2時間ほどシャッターを切り続けた。比較明合成はモニターで絵柄を確認しながら枚数を調整できるのがいい。作品は8秒を120枚で構成している。

ADVICE

延々と登り続けるコースなので、随所にあるベンチで休みながら進むこと。なかでも、堀山の家〜花立山荘は1.1kmの距離で標高差350mの急勾配。呼吸を整えて登ろう。

[往復]

小田急小田原線・渋沢駅

↕ バス約15分、210円
神奈川中央交通秦野営業所
☎0463-81-1803

大倉バス停

一心不乱にバカ尾根を登り続けて富士に会う

　丹沢山塊で最も人気のある塔ノ岳。昔は山頂一帯がうっそうとしたブナ林だったというが、今はその面影もない明るい山頂となっている。

　登山コースは各方面から整備され、いちばん多く登られているのは通称「バカ尾根」と呼ばれる大倉尾根をひたすら登り続けるコースだ。

　大倉バス停からスタートし、しばらく車道を行き、右に大きく曲がると左側に登山口がある。観音茶屋の先で道が二手に分かれるが先で合流するので若干早い右へ。雑事場ノ平、見晴茶屋を過ぎると階段状の急な登りが始まり、駒止茶屋まで続く。昔はここまで馬で登ってきたことから馬を止める場所、駒（馬）止茶屋と名づけられたそうだ。

　堀山の家までは緩やかな木道を行き、その先は再び階段やガレ場が交互に続き、天神尾根と合流すると直線的に延びる地獄のような長い階段となる。いい加減、階段歩きに疲れた頃、上部の視界がひらけてきて、花立《はなたて》山荘に到着する。この先、ヤセ尾根を通り、金冷シを過ぎれば塔ノ岳はすぐそこだ。最後の力を振り絞って階段を登りきれば、広い山頂に到着。山頂からは表尾根の山並みや富士山が望め、丹沢表尾根随一と呼ばれる眺望を楽しめる。

　通年営業している尊仏《そんぶつ》山荘が山頂にあるので、ぜひ宿泊をおすすめしたい。夜景も格別なのだ。また、朝焼けの富士山を拝むこともできる。実際、私もダイヤモンド富士を狙って宿泊した。残念ながら雲に覆われてダイヤモンド富士は撮れなかったが、夜には晴れて前ページの作品をリベンジ撮影できたのだ。

　下山は来た道を戻るのがよいだろう。長い下りなのでゆっくり進もう。

秦野市役所観光課☎0463-82-9648
尊仏山荘☎070-2796-5270

[参考コースタイム：1日目4時間5分、2日目2時間35分]

[マイカー情報]

大倉バス停に隣接した秦野戸川公園に有料駐車場があり、160台駐車可能。県道を挟んだ向かいにも40台駐車できる24時間営業のコインパーキングがある。

凍てつく朝のカラーリング

5

from
Tonnomuneyama

5

山梨県
道志村

鳥《とん》ノ《の》胸《むね》山《やま》

標高1208m

山頂は広く、富士山方向が開けている

「道の駅どうし」から目指す鳥ノ胸山が見える

今倉岳方面の山々と道志街道沿いの集落を望む

大きな堰堤の横から登山道に入る

凍てつく朝のカラーリング

年月 2019年1月撮影

機材 ニコンD810 | レンズ150-600 F5.6

設定 絞りF11 | 1/30秒 | ISO400 | 270㎜で撮影

COMMENT

この日の朝は見事に染まり、望遠圧縮効果で迫力ある作品となった。ここからの撮影は左右の木が画角に入り込んでしまうので長めのレンズが必要だ。朝は順光、夕方は逆光となる山なので、富士山ファンにおすすめである。

ADVICE

山頂への登りも下りも、かなりの急坂が続き、滑りやすい箇所もある。特に雨の後は慎重に。雑木ノ頭周辺は道を見失いがちなので方向を確認しながら進むこと。

[往復]

富士急行線・富士山駅

↕ バス約1時間20分、1450円
富士急バス
☎0555-72-6877

中山バス停

※バスの本数が少ないので、マイカーか都留市駅からのタクシー利用が現実的。

急登の後に出会うのは どっしりと構える富士山

山梨百名山のひとつ、鳥ノ胸山。山頂は広く、どっしりとした富士山を捉えられる山だ。国道沿いの「道の駅どうし」から眺めると、西丹沢の主脈から飛び出した独立峰のように見える。

スタートはこの道の駅から。近くにバス停がある。橋を渡り、道標どおりに左に折れて進んでいくと大きな堰堤があり、その横が登山口。

いきなり結構な急登が続き、いったん車道に出るが、カーブを曲がると再び登山道となり、スギの植林帯を登っていく。直線的な急な登りがしばらく続き、やがてロープが付けられた赤土の滑る急坂となる。このあたりから樹林の間に富士山が見え隠れしてくる。目線を先にやると大岩があり、あれを登るのか、とドキドキしながら近づくと、小さなテープが付いた巻き道があり、ひと安心だ。

なおも急登が続き、アキバ山への分岐を右に折れ、露岩交じりの稜線をひと登りした後、傾斜が緩やかになり、山頂へ到着する。山頂は広く、西面が開けている。富士山と御正体山《みしょうたいやま》、道志村の集落が箱庭のように見える。

景色を楽しんだら、先に続く雑木ノ頭へ登頂し、道志の森キャンプ場へと下る周回コースを行くことにしよう。

鳥ノ胸山山頂から、道志の湯方面へ道標に従って下る。小さなピークを越えると急な下りとなり、ロープが張られている。下りきり、ブナやミズナラ、カエデなど、さまざまな木々に包まれる気持ちのよい雑木林をゆるやかに登ると雑木ノ頭に到着。小さな山名札があるだけで展望はない。休むスペースもないので道志の森キャンプ場への道標に従い右方向へ進む。左斜面が植林、右斜面が雑木林の尾根道を下っていくとキャンプ場に到着し、その先の車道を歩いて道の駅へ戻る。

[マイカー情報]

マイカーは道の駅どうしに駐車する。ただし、長時間の駐車は遠慮したい。または、道志の森キャンプ場に1日500円で駐車可。

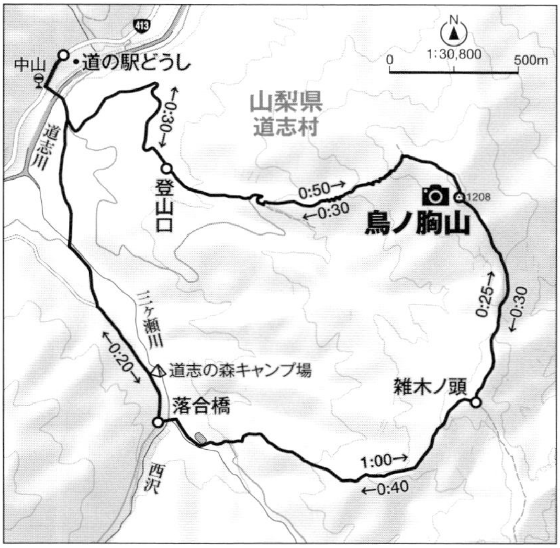

[参考コースタイム：2時間50分]

道志村役場 ☎0554-52-2111
富士急山梨ハイヤー都留市駅前営業所
☎0554-43-2800

Red Symphony

from
Tsukubasan

6

茨城県
つくば市

筑《つく》波《ば》山《さん》

標高 877 m

一年中、登山者や観光客で賑わうロープウェイ駅

つくば市側から見ると双耳峰であることがわかる

女体山から見る御幸ヶ原とその先の男体山

つつじヶ丘に整備された広い有料駐車場

Red Symphony

年月　2018年12月撮影

機材　ニコンD810 | レンズ150-600　F5.6

設定　絞りF11 | 1/20秒 | ISO800 | 310㎜で撮影

COMMENT

チャンスは年末の数日である。空気が澄み、富士山近くに太陽が沈むので富士山のバックが赤く染まる可能性が高いのだ。「これが筑波山からなの!?」と言ってもらえる作品になった。山との距離を考え、長めのレンズが必要。

ADVICE

登山者が多く、迷うことはまずないが、岩の道が続くので慎重に。10月～2月末の土・日・祝日にはロープウェイの夜間運転が行われ、星空や夜景の撮影に大変便利。

[往復]

つくばエクスプレス・つくば駅

↕ 直行シャトルバス約50分、870円
関東鉄道つくば北営業所
☎029-866-0510

つつじヶ丘バス停

観光客で賑わう山で大自然の芸術を捉える

「西の富士、東の筑波」と万葉の昔から親しまれてきた筑波山。関東平野に孤高の姿でそびえたつ秀麗な双耳峰で、遠くから眺めてよし、登ってもよしの名山だ。

南面の筑波山神社の脇から出るケーブルカーと、東面のつつじヶ丘からのロープウェイが山頂近くまで通じ、登山道も四方から標高８００ｍの御幸《みゆき》ヶ原《はら》を目指している。この御幸ヶ原を挟んで男体山と女体山の双耳峰になっている。ここでは、作品で捉えた年末の富士を狙うのに適した、つつじヶ丘を起点にするコースを紹介しよう。太陽が沈んだ後にロープウェイを使って下山してしまおう、というわけだ。

観光地の賑わいを見せる駐車場を出発し、ガマ大明神の脇の登山道を登る。展望が開け、丸太と石の階段で整備された道は、ベンチとあずまやが立つ、つつじヶ丘高原まで続く。やがて樹林帯に入り、ヒノキの植林とブナの自然林を抜ければ弁慶茶屋跡の広場に到着。ここで白雲橋コースに合流する。

すぐに「弁慶七戻り」と呼ばれる石門を通り抜ける。かの弁慶も、頭上の石が今にも落ちそうで七戻りしたと伝わる石だ。聖と俗を分ける門だとも言われている。この先も、母の胎内くぐり、出《で》船《ふね》入《いり》船《ふね》、北斗岩などの巨岩、奇岩が続く楽しいコースだ。ただし、急な傾斜であるうえ岩場の道なので充分注意して進もう。

高さ15mもあり、大仏のように見える大岩「大仏岩」を過ぎると女体山の山頂に到着。山頂からは広大な関東平野を見下ろし、３６０度の展望を楽しめる。作品はここで日没を待ったのだ。

この先、日中であれば、御幸ヶ原を経て男体山を目指してみよう。約1時間で往復できる。女体山に戻ったらロープウェイで一気に下山するといい。約6分でつつじヶ丘駅に到着する。

[　マイカー情報　]

ロープウェイ乗り場のつつじヶ丘駐車場は388台駐車可。1回500円。

つくば市役所
☎029-883-1111
筑波観光鉄道（ケーブルカー・ロープウェイ）
☎029-866-0611

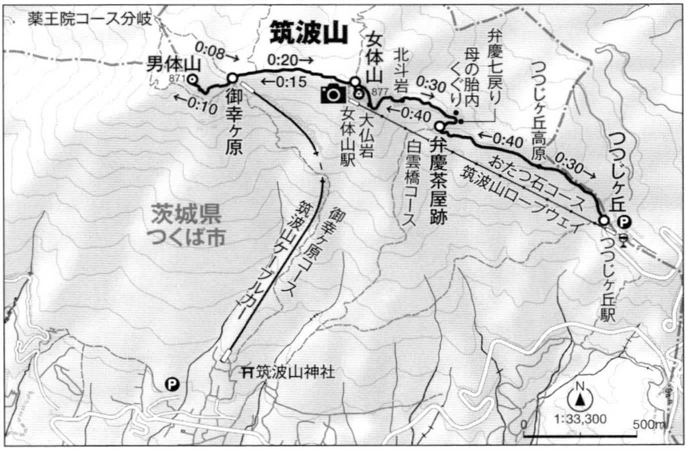

[参考コースタイム：2時間19分]

桜花爛漫

from
Iwadonosan

7

山梨県
大月市

岩《いわ》殿《どの》山《さん》

標高 634 m

丸山公園からは岩殿山の岩峰がそそり立ち、圧巻

大月駅に降り立つと岩殿山の鏡岩が見える

山頂から眼下に見る大月市街が箱庭のようだ

桂川に架かる高月橋を渡った先に市営駐車場がある

桜花爛漫

年月 2017年4月撮影

機材 ニコンD810 | レンズ24-70 F2.8

設定 絞りF11 | 1/180秒 | ISO400 | 35mmで撮影

COMMENT

サクラの開花と天候が都合よくあわないため苦心した。駅から手軽に登れる山だけに妥協はできない。花の状態は、できれば花びらが落ちない7〜8分咲きがベストだ。この作品は何年も通い続けてようやく撮れた一枚である。

ADVICE

駅から20分ほどで撮影ポイントに着くため、狙った時間に行きやすい。勝負はお花見客が上がってくる前。午前中の斜光線で撮影する。枝ぶりをしっかりと見極めたい。

[往復]

JR中央本線・大月駅

↕ 徒歩約20分

岩殿城跡入口

サクラの花と富士山の好機を狙って

大月市のシンボルとも言える岩殿山。中央本線の駅に降り立つと、頂上直下に露出した、鏡岩と呼ばれる岩肌を望むことができる。

春の花見の名所として市民に愛されているのが、中腹にある丸山公園だ。開花期に、ここから富士山を狙いたいのだが、オーソドックスな絵柄でありながら、実はなかなか手強い。サクラの満開時期は霞が多いため、富士山がスッキリしないのだ。

駅から商店街を抜けて岩殿山へ向かう。桂川に架かる高月橋を渡り、駐車場を過ぎると3分ほどで「岩殿城跡入口」と書かれた道標が立つ登山口がある。ちなみに岩殿山は、16世紀に武田氏に従属していた小山田信茂が急峻な地形を利用して城を築いたため、「揚城戸跡」や「番所跡」など、往時をしのぶ説明看板が点在する。

登山口から10分ほど登ると丸山公園に到着。白籏史朗氏の写真館を備えた「岩殿山ふれあいの館」もある。公園には３００本以上のサクラの木があり、見事な光景だ。花見客が来る前にベストポジションを探そう。美しいサクラと雄大な富士がともに収まる納得の一枚が撮れたら登山口へと引き返してもよいが、ここまで来たからには岩殿山の山頂も踏みたい。ガイドを続けよう。

公園から、整備されたやや急な登山道を、岩の間をぬうように登っていく。すると、山頂と築《つく》坂《さか》峠《とうげ》・稚児落とし方面への分岐があるので右へ。ほどなくして到着する山頂からは、富士山と大月の市街地を望むことができる。一服したら分岐まで戻り、稚児落とし方面に進んでいこう。岩殿山は、クサリ場が連続し、エキサイティングなコースであることも魅力だ。分岐から築坂峠、天神山、稚児落とし、浅利川を経由して大月駅へ行くことができる。

［　マイカー情報　］

高月橋を渡ってすぐ左手に11台駐車可能な市営駐車場がある。無料。

大月市産業観光課
☎0554-20-1829
岩殿山ふれあいの館
☎0554-23-4611

［参考コースタイム：4時間］

ガス流れる光彩

8

from
Ishiwariyama

8

山梨県
山中湖

石《いし》割《わり》山《やま》

標高 1412 m

大平山からも目の前に富士山、眼下に山中湖を見渡せる

石割神社は割れた大岩を御神体とする。3回通って開運祈願を

橋を渡り、石割神社の赤い鳥居をくぐってスタート

マイカー利用なら石割神社の鳥居前にある駐車場へ

山頂からは御坂山塊や南アルプスが望め、忍野村全体を俯瞰する

神社の参道に入ると長い長い階段が待っている

ガス流れる光彩

年月 2018年7月撮影

機材 ニコンD810 ｜ レンズ24-70　F2.8

設定 絞りF13 ｜ 1/45秒 ｜ ISO100 ｜ 56㎜で撮影

COMMENT

狙っても撮れない貴重な作品。赤富士を撮影しようと登った日、日が上がるにつれて大平山の稜線にガスがかかって流れ始め、日が差すと色がついたのだ。彩雲ならぬ彩ガスである。正味30分足らずの滝雲ショーだった。

ADVICE

登山道がしっかりと整備されている安心のコース。富士山は目の前なので望遠系レンズは不要で、広角レンズから標準レンズくらいが使いやすいだろう。

［ 行き ］

富士急行線・富士山駅

↓ 周遊バス約50分、790円
富士急バス☎0555-72-6877

山中湖平野バス停

［ 帰り ］

ホテルマウント富士入口バス停（富士山山中湖）

↓ バス約35分、490円
富士急バス☎0555-72-6877

富士急行線・富士山駅

長い階段を登りきった先に待ちうける絶景

山中湖の北側に位置し、山名は真っ二つに割れた大岩が御神体の石割神社に由来する。山頂から間近に大きな富士山を眺められるのが魅力の山だ。

山中湖平野バス停から道志方面に進むと、石割神社入口の案内看板と赤い鳥居がある。鳥居の左側の道を進み、平尾山への道を左に分けて雑木林を歩いていくと、石割神社の赤い鳥居が見える広場に出る。ここには駐車場、トイレ、ハイキングコースの案内板がある。

小さな橋を渡って鳥居をくぐると、長い階段登りが始まる。その数なんと403段！　ゴールが見えない階段をひたすら登ると、あずまやが立つ広場に着く。ここから登山道となり、25分ほど登れば石割神社に到着。お参りをしたらザックを下ろして割れた大岩の間を通ってみよう。3回通り抜ければ幸運が開けるといわれている。

神社を後にし、樹林の中を20分ほど登ると前方が明るくなり、山頂に到着。山頂部はなだらかで広いので、山中湖を配した雄大な富士を心おきなく堪能できるだろう。

下山は来た道を引き返してもいいが、先に進み、富士山に向かって尾根道をたどっていくコースをおすすめしたい。ずっと左手に富士山を眺めながら稜線を縦走する、この上なく気分爽快コースなのだ。

石割山の山頂から木段がある斜面を、アップダウンを繰り返しながら平尾山、大平山、飯盛山と、順に登頂していく。こんもりと盛り上がった長池山に登頂したら、いつまでも眺めていたい絶景に後ろ髪を引かれつつ、山中湖畔へ向かって下る。東海自然歩道を右へ分け、車道に出て別荘地内を下ると周遊バスの大出山入口バス停に到着。ここからホテルマウント富士入口バス停まで歩けばゴールとなる。

[　マイカー情報　]

入・下山口が違うためマイカーは適さないが、石割山ピストンなら石割神社の参道入口にある30台駐車可能な無料駐車場へ。

山中湖村観光課
☎0555-62-9977
フガクタクシー
☎0555-22-3132

[参考コースタイム：4時間35分]

9

同座の彩り

from Gozenyama

9

山梨県
大月市

御《ご》前《ぜん》山《やま》

標高 730 m

山頂から道志や桂川流域の山々が望める

厄王権現を過ぎると今コース一番の難所が

駒橋交差点近くに林道入口の石碑が立つ

神楽山は灌木で覆われていて展望はまったくない

御前山の山頂は展望抜群だが南面が切れ落ちている

厄王山と書かれた赤い鳥居がある登山道の入口

[行き]

JR中央本線・大月駅

↓ 徒歩約30分

登山道入口の赤い鳥居

[帰り]

神楽山登山道入口

↓ 徒歩約15分

JR中央本線・猿橋駅

同座の彩り

年月 2018年11月撮影

機材 ニコンD810
レンズ24-70　F2.8

設定 絞りF5.6 ｜ 30秒
ISO200 ｜ 65mmで撮影

年月 2018年4月撮影

機材 ニコンD810
レンズ28-300　F4.5

設定 絞りF11 ｜ 1/180秒
ISO400 ｜ 56mmで撮影

COMMENT

この年は大きな台風が2つも日本列島を通過したため、紅葉する枝が折れ、秋の作品は期待できなかった。しかし、撮影日は大量の夜露がついた葉が輝き、艶を出してくれた。幸運な一枚。

ADVICE

春に富士山が霞まない絵柄を撮るには天気の見極めが重要。何度も通うことも覚悟を。また、コース中に危険箇所が多いので細心の注意を。

新緑の爽やかさと
紅葉の艶やかさを対に

　御前山はお隣の菊花山《きっかさん》とともに、JR中央本線の猿橋駅から大月駅の間に沿ってそびえ立ち、抜群の展望を誇る山だ。駅から歩いて登山口に着けるうえ標高も高くないため、手頃な山かと思いきや、なかなかの急斜面でロープが張られた箇所もあり、変化に富んだ山登りを楽しめる。作品はまったく同じピークで春と秋を捉え、2点並べることによって表現力をアップさせた。

　登山コースは、大月駅前から国道を左に進み、駒橋交差点の近くに立つ薬王権現の石碑を目印に右折。御前山の道標どおりに細い林道を上がっていくと、左から沢が近づいてきて、赤い鳥居が見えると登山口だ。ここから本格的な登山道。急斜面のつづら折りを進み、尾根道に出て直角に右に曲がると、またもや赤い鳥居があり、もうひと登りで厄王権現に到着する。大菩薩方面の展望が開けるので、小休止にちょうどよいだろう。

　この先は、右側が切れ落ちた狭い急斜面となる。滑りやすいので、張られているロープに手を添えながら慎重に通過しよう。稜線に上がったら左に5分ほどで御前山の山頂に着く。馬立山から九鬼山に続く稜線をはじめ、道志の山々や高尾山まで大パノラマが広がる。ゆっくりと休憩したい景色だが、山頂の南面は切り立った断崖となっているので、くれぐれもご注意を。

　山頂を後にしたら先の神楽山に向かう。約25分で着く山頂は狭く、灌木に囲まれているため展望はないが、せっかく来たので山頂を踏んでおきたい。この先は樹林帯をひたすら下り、階段を下りて広い車道に出ると猿橋駅は近い。

　なお、御前山だけだと物足りないという人は、馬立山と九鬼山まで足を延ばし、禾生《かせい》駅へと下る縦走コースがおすすめだ。

[　マイカー情報　]

入・下山口が違うのでマイカーは不適だが、大月駅の周辺には多くのコインパーキングがある。

大月市産業観光課
☎0554-20-1829

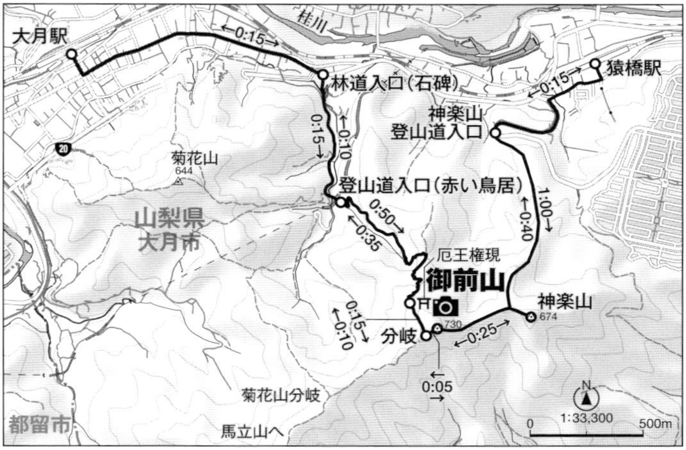

[参考コースタイム：3時間]

新雪に輝く ⑩

from
Nabewariyama

10

神奈川県
丹沢山塊

鍋《なべ》割《わり》山《やま》

標高 1272 m

山頂からは湘南の街並みに江の島、相模湾がバッチリ見える

マイカー利用なら表丹沢県民の森駐車場へ。タクシーもここまで入れる

降雪直後や登山道凍結時はアイゼンを忘れずに

後沢乗越まで何度も沢を徒渉する。雨や雪の後は特に慎重に

後沢乗越の分岐で、右の鍋割山方面の尾根道へ進む

新雪に輝く

年月　2019年2月撮影

機材　ニコンD810 ｜ レンズ24-70　F2.8

設定　絞りF22 ｜ 1/45秒 ｜ ISO200 ｜ 35mmで撮影

COMMENT

降雪直後の鍋割山。稜線の吹き溜まりでは膝上くらいのラッセルで苦しんだ。気圧配置から霧氷を期待したが残念ながらついておらず、新雪面や灌木についた雪を被写体にしようと、雪が取れないうちに走り回って撮影した。

ADVICE

後沢乗越から山頂へは急斜面だが、高度を上げるに従い、左手に富士山山頂部が姿を現わす。景色を励みにがんばろう。小丸尾根の下りは滑りやすい箇所もあるので注意を。

[往復]

小田急小田原線・渋沢駅

↕ バス約20分、210円
神奈川中央交通秦野営業所
☎0463-81-1803

大倉バス停

※大倉からは長い林道歩き。渋沢駅から表丹沢県民の森までタクシーで行けば、約1時間短縮できる。

親しみやすい鍋割山で冬の日だまりハイクを

塔ノ岳直下の金冷シから西側に延びる鍋割山稜を代表するピークが鍋割山。山頂は見晴らしと日当たりに恵まれ、冬にも登りやすい山である。

丹沢の表玄関、大倉でバスを降り、塔ノ岳へ向かう登山者と別れて「鍋割山、二俣」の道標が示す方向へ進む。西山林道を歩き、丹沢大山国定公園の看板を左に眺め、左右に車両通行止めのゲートがある十字路を直進して少し行くと二俣に到着する。沢を渡り、クサリゲートの脇を抜けると、右手に下山で利用する小丸尾根の分岐があるが、これをやり過ごし、沢に沿う林道をたどっていく。やがて着く林道の終点には、水入りのペットボトルが大量に置かれている。これは本コースの名物でもあり、鍋割山荘で利用する水。余力があれば運び上げよう。

ここからは本格的な登山道だ。ミズヒ沢を渡り、小さな堰を越え、スギ林に延びる道を登っていくと後沢乗越に到着するので右へ。狭い箇所もある、林間の急な尾根道を、ゆっくりゆっくり、3つの小ピークを越えて登っていくと、ようやく鍋割山に到着となる。山頂は明るい草地で、休憩にもってこいだ。一角には鍋割山荘が立ち、ここで販売されるなべ焼きうどんを目当てに登ってくる人も多い。

山頂を後にしたら、ブナ林が広がる小丸を通って二俣へ下りよう。金冷シ方面へ向かい、緩やかに下りと登りを繰り返し、およそ40分で二俣分岐に。道標に従って右折し、かなりの傾斜がある道をジグザグにぐんぐんと下っていく。比較的歩く人が少ない静かなコースだ。最後の急坂を下り切ると、行きに通過した二俣の分岐に到着。ここからは往路を戻ってバス停へ。

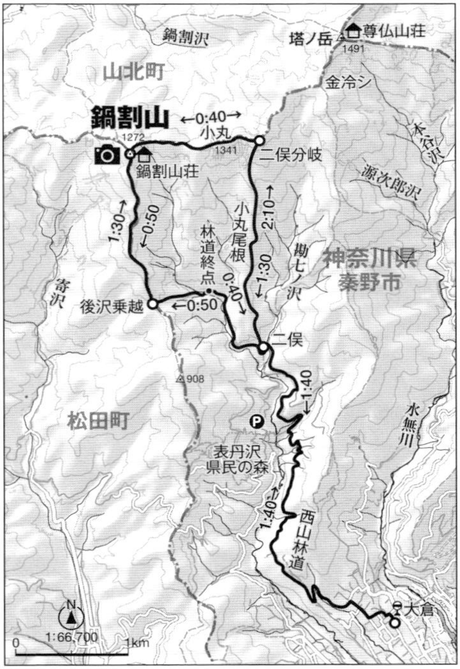

[参考コースタイム：7時間50分]

秦野市役所観光課☎0463-82-9648
鍋割山荘☎0463-87-3298
秦野交通☎0463-81-6766

[マイカー情報]

表丹沢県民の森の東側に無料駐車場があり、10台ほど駐車できる。駐車場の先の路肩にも数台停められるが、土日はいずれも混雑する。

憧憬輝く朝

from
Oohirasan

11

栃木県
栃木南部

太《おお》平《ひら》山《さん》

標高 341m

商売繁盛の神様が祀られている太平山神社

客人神社の横からハイキングコースに入る

大平町南側から太平山の全体が見える。中央が謙信平

謙信平にはあずまや風の展望台がある

[行き]

東武日光線・新大平下駅

↓ 徒歩約25分

下皆川登山口

[帰り]

岩舟山高勝寺

↓ 徒歩約20分

JR両毛線・岩舟駅

憧憬輝く朝

年月 2018年12月撮影

機材 ニコンD810 | レンズ150-600 F5.6

設定 絞りF11 | 1/15秒 | ISO400 | 200㎜で撮影

COMMENT

期待半分、不安半分で三脚を構え、日の出を待った。頼む、焼けてくれ！その願いが通じたのか、見事に色づいた。富士山までの距離があるので望遠レンズを使う。海岸線に似た岩塊が構図を引き締めてくれた。

ADVICE

危険箇所はなく、道標もよく整備されているので安心だ。時間がなければ、謙信平と太平山神社のみ訪れて景色を堪能し、参道の茶店で一服するだけでも満足できるだろう。

「陸の松島」で関東平野を一望する

栃木県の南部に位置する太平山は歴史が深い山。山中には、戦国時代に上杉謙信が関東平野を見渡し、あまりの広さに目を見張った、との言い伝えから謙信平と名づけられた展望場所がある。また、地上が霧に包まれると、眼下の山々がまるで霧の中に浮かぶ島のように見えることから「陸の松島」とも言われている。そんな絶景ポイントで富士山を絡めた写真を撮り、さらに足を延ばして関東ふれあいの道を歩く、長い縦走プランを紹介しよう。

東武日光線の新大平下駅を出て、JR両毛線の踏切を渡り、客人《まろうど》神社入口の小さな鳥居を目指す。左に約100m進むと下皆川登山口。古びた石段を登り、しばらく林の中を行くと正面に太平山を望み、フィールドアスレチックのコースを過ぎると、お目当ての展望ポイント、謙信平に到着する。私はここで日の出を待ち、富士を捉えたのだ。

その後、車道を進んでスギの老木に囲まれる太平山神社に参拝し、神社の右手から山道に入り、尾根に出ると太平山の山頂。富士浅間神社が鎮座する。山頂を後にしたら、西側の急な道を下ってぐみの木峠を過ぎ、木の階段を登って晃石《てるいし》神社へ。ここにはベンチがあるので休憩にもちょうどよい。神社の裏手にはコース中の最高峰の晃石山山頂がある。

その後は4つのアップダウンを過ぎ、急坂を下ると桜峠に着き、そのまま稜線を進むと馬《うま》不入山《いらずやま》の山頂に。ここからの展望も美しく、三毳山《みかもやま》、岩舟山、遠くに渡良瀬遊水地や秩父と西上州の山並みが一望できる。

その先は急下降と急登を繰り返して鷲神社に続く車道に出る。車道を横切り、岩舟山高勝寺につき、600段の石段を下ればゴールのJR岩舟駅である。

［ マイカー情報 ］

下皆川登山口付近に駐車場はない。縦走するならマイカーは不適。ただし、謙信平には無料駐車場がある。

[参考コースタイム：3時間55分]

栃木市観光協会☎0282-25-2356

薫風の紅彩

from
Amariyama

12

山梨県
韮崎市

甘《あま》利《り》山《やま》

標高1731m

山頂からはシラカバとツツジ越しに八ヶ岳が見える

軽食も食べられる喫茶つつじ苑。この建物の左を進む

好天に恵まれれば、甲府の夜景が美しく眼下に広がる

最盛期、山頂一帯はレンゲツツジに埋め尽くされる

薫風の紅彩

年月 2014年6月撮影

機材 ニコンD300S | レンズ17-35 F2.8

設定 絞りF22 | 1/10秒 | ISO200 | 17mmで撮影

COMMENT

長年通い続けた末に得た、お気に入りの一枚。ツツジは年によって花のつき方が違い、最盛期が梅雨時のため天候に悩まされるという難しさがある。近年は温暖化やシカ害で花数が減ってしまい、さらに作品作りが難しい。

ADVICE

満開時期の登山道にはカメラの放列ができ、場所取りも熾烈。明るいうちに撮影ポイントを定めておくことが大事だ。開花情報は韮崎市観光協会のホームページで確認を。

[往復]

JR中央本線・韮崎駅

↕ タクシー約40分、約5000円
韮崎タクシー☎0551-22-2235

甘利山登山口

山肌を埋め尽くす
紅彩を求めて

甘利山は鳳凰三山に連なる山で、櫛《くし》形《がた》山《やま》と並び、南アルプスの前衛として申し分のない展望の山である。山腹を彩るレンゲツツジは多くの人に知られている。見頃は例年6月中旬。15万株が咲きそろい、実に見事な景観である。この時期は全国から集まってくるカメラマンやハイカーで最も賑わい、週末は登山道が一方通行に規制されるほどだ。

駐車場がある甘利山広河原から喫茶つつじ苑の左の道を登ると、すぐに分岐があり、左に進めばあずまやの立つ経塚で、眼下に市街地が広がる。この先を緩やかに登って樹林帯を抜けると、なだらかな高原状に変わり、レンゲツツジの大群落へと入ってゆく。最盛期には全山を覆うように朱赤色の花が咲き誇る。甘利山の頂上へは、この先ひと登りだ。

富士山の撮影ポイントは経塚から甘利山頂上にいたる登山道沿い。カメラの放列ができ、日の出前からシャッター音が鳴り響く。朝はツツジが咲く稜線に斜光線が入り、絶好の被写体となる。運がよければ、甲府盆地の上にかかる雲海に浮かぶ富士山を見ることができる。

また、このあたりはシラカバも群生しているので、レンゲツツジの赤色とシラカバの白色がよいコントラストになって、美しい絵作りができるだろう。さらに、甘利山の山頂に立てば、南アルプス、八ヶ岳、秩父のパノラマに千《せん》頭《とう》星《ぼし》山《やま》へ続く稜線が一望でき、目を飽きさせない。

また、甘利山グリーンロッジに宿泊し、撮影と登山をゆっくりと楽しむのもひとつの方法だ。

なお、時間が許せば千頭星山まで足を延ばすのもいい。往復でプラス3時間30分ほどの、充分に歩きごたえのあるコースとなる。

[マイカー情報]

登山口に20台ほど駐車可能な無料駐車場がある。トイレもある。なお、国道から登山口へ向かう県道が12月～4月末は冬季閉鎖となるため注意を。

韮崎市役所
☎0551-22-1111
甘利山グリーンロッジ
☎090-8595-6141
（季節電話）

[参考コースタイム：4時間20分]

Miracle Night View（奇跡の夜景） 13

from
Chouseniwa

静岡県
静岡市

朝《ちょう》鮮《せん》岩《いわ》

標高 330 m

道中、いくつもの分岐があるので注意しながらも進もう

安倍川駅からは富士山と朝鮮岩が眺められる

山頂からの眺め。夜景だけでなく、日中もいい

目指す朝鮮岩を大きく望みながら井尻橋を渡る

[往復]

JR東海道本線・安倍川駅

↕ 徒歩約30分

井尻地区の登山口

Miracle Night View（奇跡の夜景）

年月 2019年3月撮影

機材 ニコンD810 ｜ レンズ24-70　F2.8

設定 絞りF11 ｜ 15秒 ｜ ISO800 ｜ 38mmで撮影

COMMENT

夜景の撮影は、暗過ぎても富士山が浮かばず、明るくなると夜景が引き立たない。明け方の微妙な時間帯が勝負になる。構図は頭の中で描いたとおりで迷いはなかった。言葉を失う見事な夜景に酔いしれた撮影だった。

ADVICE

夜景撮影するなら、できれば一度、明るいうちに登っておくと安心だ。住宅街を進む道はわかりにくいかもしれないが、道標があるので確認しながら進むとよい。

きらびやかな夜景と色づく朝焼けの空

富士山をからめた夜景を撮りたいと思っていた。実は、直前までほかの山から夜景を狙う予定だったのだが、たまたま、この朝鮮岩からの夜景写真を見て、急遽、場所を変更したのだった。

朝鮮岩は静岡県の安倍川駅から1時間強のところにある山で、夜景愛好家のあいだでは少し有名なスポット。暗い間の行動になるのでヘッドライトを携えて出発しよう。

安倍川駅の西口を出て住宅街を進み、丸子川に向かう。川に沿って歩き、対岸に若杉幼稚園が見えたところで井尻橋を渡る。目の前にはこれから登る、小野平から朝鮮岩への尾根が見えるだろう。幼稚園の前を通り、交差点を左に行くと登山口があり、先に現われるひなびた小野薬師寺の裏手からは道がやや険しくなっていく。鉄塔を過ぎ、大きな岩を脇に眺めながら道標に従って登っていくと、山頂に到着する。

10畳ほどの広さがある山頂からは静岡市街を従えた富士山が大きくそびえ、駿河湾、花沢山の稜線を見渡せる。この景色が夜景になると、市街地の明かりがまるで宝石をちりばめたようにきらめき、高速道路や国道が富士山に向かってすーっと延びていくわけだ。ほかでは撮れない、日本一と言っても過言ではない壮大な夜景である。

ちなみに、この「朝鮮岩」というおもしろい名前についてだが、元々、静岡市西部を「晁西《ちょうせい》」と呼び、この場所は「晁西岩《ちょうせいいわ》」と呼ばれていたものが、いつしか誤って「ちょうせんいわ」と伝えられ、後に漢字があてられたそうだ。朝鮮半島とはまったく関係がない。山頂に名前の由来の説明板がある。

ハイキングコースはこの先、西へ、満観峰《まんかんほう》を経て下山するまで続いているが、夜景が目的ならここで往路を戻るとよい。暗い中を進むので、足元をしっかり照らしながら進もう。

[マイカー情報]

登山口近くに駐車場はないが、安倍川駅の周辺には民間のコインパーキングが複数ある。

静岡市役所
☎054-254-2111

[参考コースタイム：2時間15分]

14

黄昏に色づく

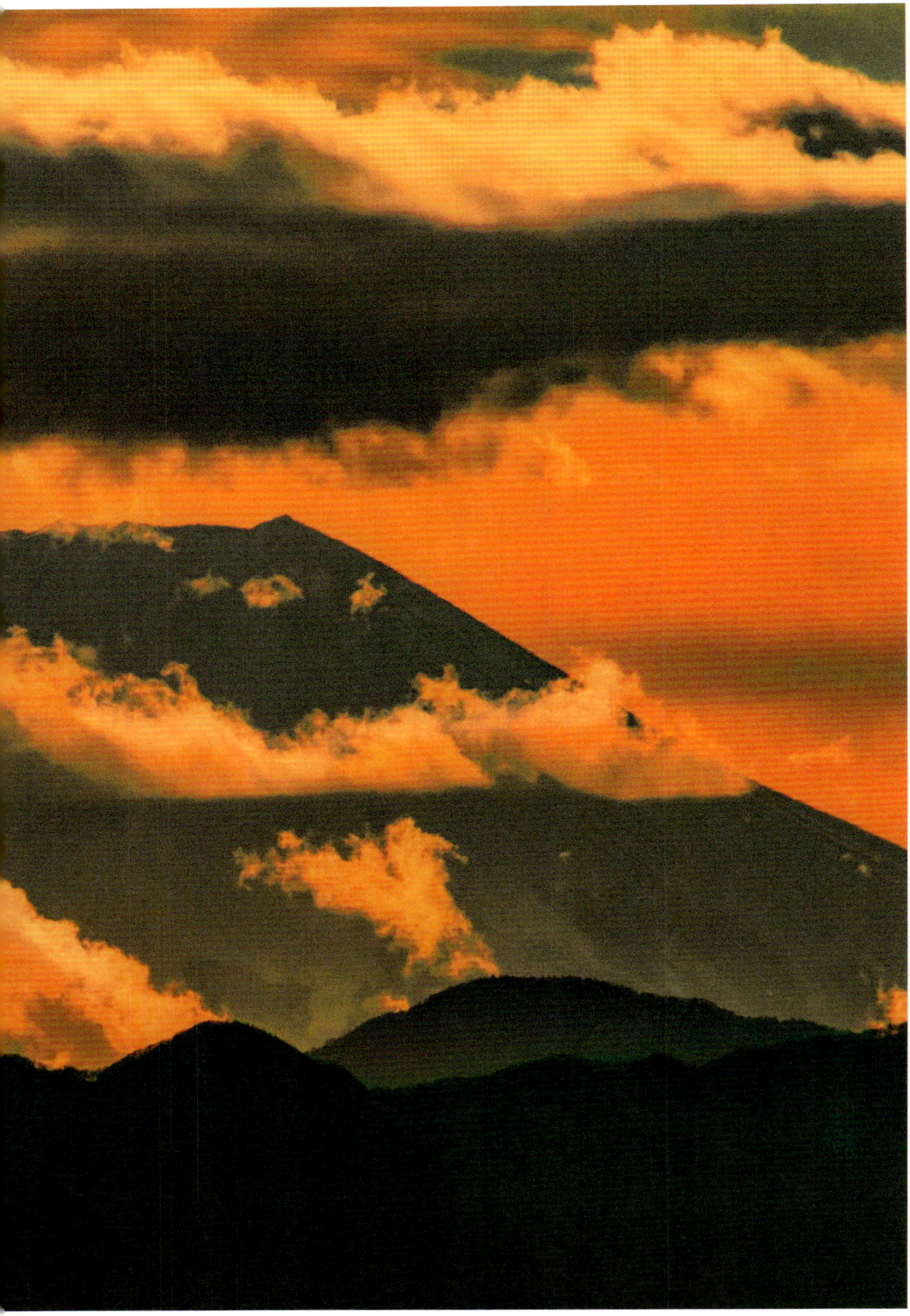

from Kagenobuyama

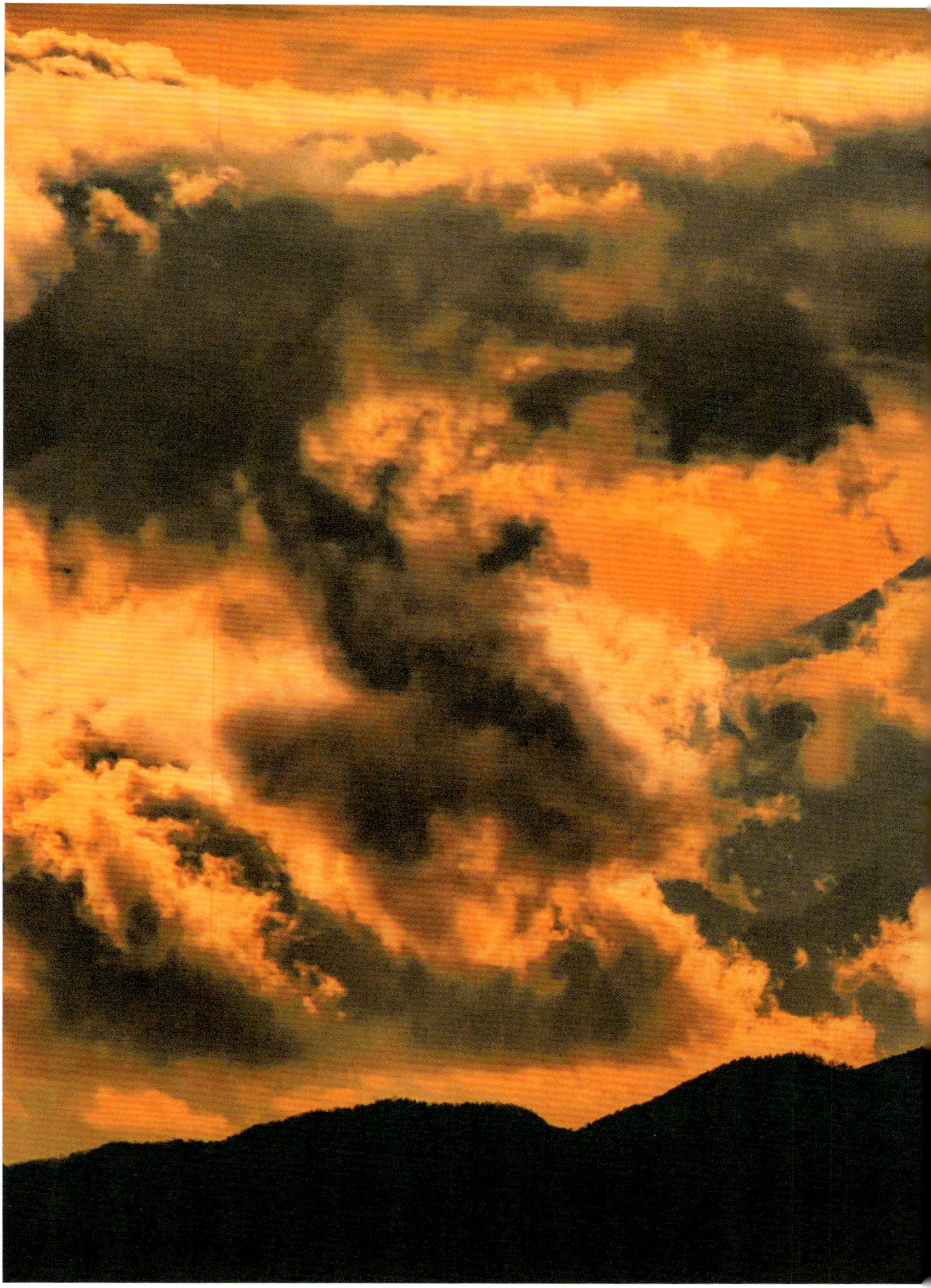

14

東京都
奥高尾

景《かげ》信《のぶ》山《やま》

標高 727 m

望遠レンズで都会を狙うとスカイツリーがハッキリと

北高尾稜線を手前に、首都圏が一望できる景信山頂

きれいなトイレがある小仏バス停

春はサクラに彩られ、お花見ハイカーで賑わう

黄昏に色づく

年月 2013年1月撮影

機材 ニコンD300S | レンズ18-300　F4.5

設定 絞りF11 | 1/750秒 | ISO200 | 200mmで撮影

COMMENT

この作品は山頂で夕方まで粘って撮影した。この日は運よくおもしろい雲が湧き、富士山にまとってくれた。踊るような雲に西日が当たり、染まっていったのだ。年に何度も登り、見慣れた富士山にアートの神様が舞い降りた。

ADVICE

小仏バス停への道はぬかるんだり滑ったりしやすい土なので、降雨後などは特に注意を。道標は随所にある。景信山の茶屋は土・日・祝日のみの営業。

[行き]

高尾山山頂

[帰り]

小仏バス停

↓ バス約20分、230円
西東京バス恩方営業所
☎042-650-6660

JR中央本線・高尾駅

高尾山の喧騒を抜け出し
奥高尾を縦走する

高尾山から陣馬山への縦走路の、ほぼ中間に位置する景信山。関東平野を一望でき、魅力的な茶屋も有名だ。日本一の人出で賑わう高尾山に登頂後、城山を経て景信山まで縦走。小仏バス停に下りるコースを紹介しよう。

高尾山の山頂まではP156を参照いただきたい。高尾山の大見晴台の右側から階段を下り、5号路を横切って直進する。「これより奥高尾」の標柱を見て直進し、茶屋とベンチがあるもみじ台を過ぎ、左手に大《おお》垂《たる》水《み》峠《とうげ》への道を分けると一丁平園地に到着する。少し行くと丹沢方面を眺める展望デッキがあり、さらに進んで再度、大垂水峠への道を分ければ、まもなく城山山頂に到着。NTTの大きなアンテナが目立つ広々とした山頂だ。大きな茶屋を囲むようにテーブルとベンチが置かれ、登山者はみな思い思いにくつろいでいる。

城山の山頂からアンテナ塔の左を抜け、木の階段を下ると小仏峠に出る。明治天皇の巡幸記念碑が立ち、タヌキの家族像があるのがおもしろい。峠の十字路で北に下れば小仏バス停、南に下れば相模湖で、景信山へは直進する。最初は急登だがすぐに緩やかになる。樹林帯を抜け、最後の急斜面をひと登りすると、ついに景信山の山頂に到着だ。南側は北高尾の稜線や歩いてきた高尾山の稜線が手に取るように望める。東側は関東平野が一望だ。山頂には歴史ある茶屋が2軒あり、山菜天ぷらとなめこ汁が名物となっている。ぜひ味わってみよう。

下山は道標を確認し、小仏バス停方面へ。最初は急な階段で、続いて登山道。木の根が張り出したりえぐれたりする道を転倒しないように注意しながら下っていく。やがて下方に車道が見え、その車道を進んでいくと右手に宝珠寺があり、少し先が小仏バス停だ。

［　マイカー情報　］

下山後にバスで高尾山口駅へ行くことも可能。駅前に市営と京王の有料駐車場がある。駐車可能台数はあわせて160台。

[参考コースタイム：2時間40分]

八王子市役所観光課☎042-620-7378
高尾ビジターセンター☎042-664-7872

ジオパークの彼方に

⑮

from
Miharayama

15

東京都
伊豆大島

三《み》原《はら》山《やま》

標高 758 m

大噴火の溶岩流を見ると、地球の息遣いを感じられる

大噴火の溶岩流が、不思議にもこの三原神社の神殿は避けたという

大型客船さるびあ丸。当日の波の状況によって寄港地が変わる

大島温泉ホテルをゴールにすると便利。日帰りで温泉を利用できる

万が一に備えてのシェルターがところどころにあるので心強い

三原神社までは舗装道を登っていく。青い空が爽快だ

ジオパークの彼方に

年月 2019年4月撮影

機材 ペンタックス K-1 Mark II ｜ レンズ24-70 F2.8

設定 絞りF22 ｜ 1/30秒 ｜ ISO400 ｜ 31mmで撮影

COMMENT

地球の恵みとも言える溶岩流を絡めて、どうしても撮影したかったのが三原山だ。ただし、海を挟む富士山だけに手強い。天敵は春のヘイズ。天候を読み、満を持して乗船。大島で3日間粘り、なんとかモノにできた。

ADVICE

道は整備されているので安心だが、裏砂漠に迷い込まないように。島内にコンビニはないので、早朝に船で到着する場合は買い物を乗船前に済ませておくといい。

[行き]

元町港または岡田港

↓ バス約25分、890円
大島バス☎04992-2-5522

三原山頂口バス停

[帰り]

三原山温泉バス停

↓ バス約18分、650円
大島バス☎04992-2-5522

元町港または岡田港

地球の息吹を感じながら
ビッグスケールの展望を

東京都の離島、伊豆大島。島の中央部には活火山の三原山があり、最近では1986年に大規模な噴火をし、全島避難の事態となった。今は火山活動も落ち着き、島民が穏やかに暮らしている。

この三原山を中心に、火山活動の片鱗を随所で見られる大島は島全体が日本ジオパークに認定されている。島内には複数のハイキングコースや遊歩道が整備されており、三原山の中央火口丘である内輪山の周囲を一周するお鉢めぐりが定番になっている。

三原山頂口から出発し、舗装された遊歩道をしばらく歩く。遊歩道の左右には過去の噴火による溶岩流が見られる。やがて内輪山の登りにさしかかり、急斜面をジグザグに進んでいく。対岸の伊豆半島が見えてきて、鳥居が現われたら三原神社。ここから火口一周遊歩道で、お鉢めぐりのスタートとなる。一周は約1時間。トイレのある展望台兼避難小屋を過ぎると、スコリアという小石大の軽石がゴロゴロしている道を進む。やがて、中央火口を眺められる場所に着き、直径300〜350m、深さ約200mもある巨大な火口の内壁から水蒸気が噴出する様子を見ることができる。

その先が剣ヶ峰だ。荒涼とした風景と大海原の独特の絶景が広がる。ここで作品を撮影したのだが、富士山まで距離があるため天気が重要である。

剣ヶ峰からは火口一周道路を離れて裏砂漠方面へ下りていき、裏砂漠地帯へいったん踏み入った後、大島温泉ホテルへ向かうといい。ゴツゴツの溶岩地帯を抜けて続く一本道は植物再生を体感できる道と呼ばれ、溶岩エリアから離れるにつれ、草地、低木、森へと、植生が変化していくのだ。ホテルが見えたらゴール。島内の移動に便利なバスの停留所がある。

大島町役場観光課☎04992-2-1446
海洋レンタカー☎04992-2-3039
東海汽船お客様センター☎03-5472-9999

[マイカー情報]

入・下山口が違うためマイカーには不適だが、三原山頂口に無料の駐車場があるので、お鉢めぐりだけをするなら利用可。

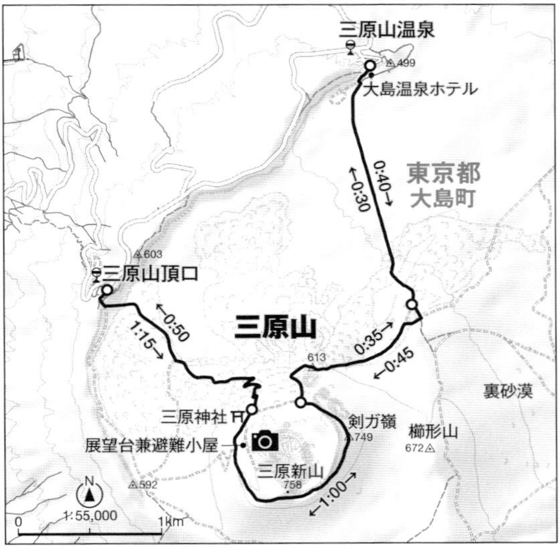

[参考コースタイム：3時間20分]

目覚めの時間《とき》 16

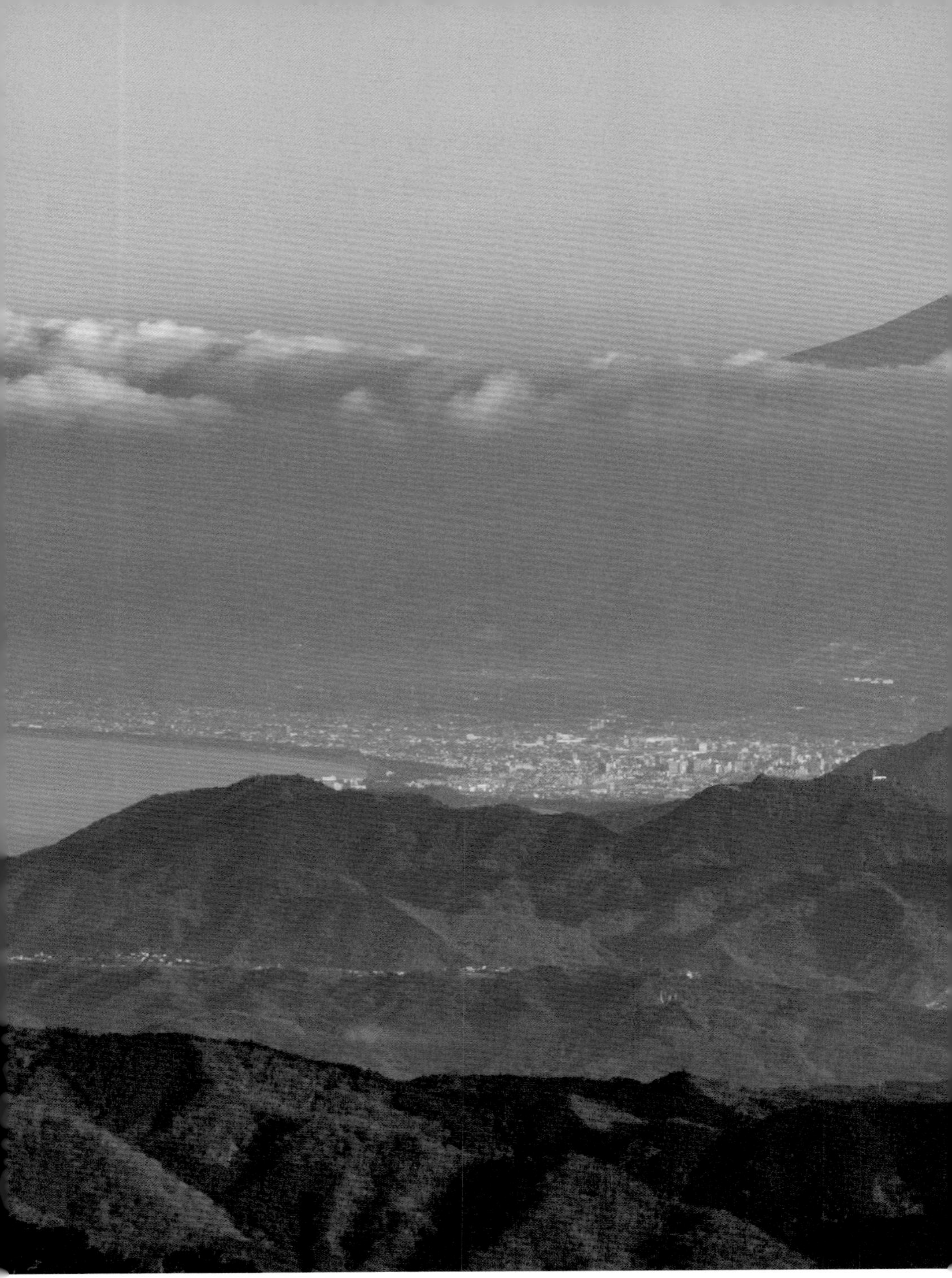

from
Banjiroudake

静岡県
天城山

万《ばん》二《じ》郎《ろう》岳《だけ》

標高 1299 m

登山道はぬかるんだ箇所が多い

万二郎岳と万三郎岳へは四辻からぐるりと周回する

広い登山者用駐車場がシャクナゲ開花期には満車に

展望はほとんどない万二郎岳の山頂

目覚めの時《と》間《き》

年月 2019年3月撮影

機材 ニコンD810 | レンズ150-600 F5.6

設定 絞りF11 | 1/90秒 | ISO400 | 150mmで撮影

COMMENT

天城山には富士山が見える場所が少なく、太平洋側なので雲も湧きやすい。リスクは承知のうえで通ったものだ。この日は夜明けとともに富士山が浮かび上がった。やや霞んだが、かえって神秘的で納得できる作品となった。

ADVICE

復路の涸沢分岐点から先はコース中一番の難所。日が差しにくい暗い道で、ロープが設置された箇所もある。下りが苦手な人は反対回りでこちらを登りにしてもいい。

[往復]

JR伊東線・伊東駅

↕ バス約55分、1000円
伊豆東海バス伊東事業所
☎0557-37-5121

天城縦走登山口バス停

※伊東駅から天城東急リゾート行きシャトルバスに乗車する。

わずかなチャンスに狙った富士

日本百名山のひとつである天城山《あまぎさん》は伊豆半島中央部に広がる山塊の総称で、最高峰の万三郎岳やその東に位置する万二郎岳などの山々から構成される。アマギシャクナゲが群生し、開花期は多くの人で賑わう。富士山が見える場所は少なく、写真もほとんど発表されていないが、私は幸運にも撮影に成功したので紹介しよう。

撮影地は万二郎岳。天城縦走登山口バス停からスタートし、万二郎岳とその先にある万三郎岳を周回するルートを選ぶ。

天城縦走路の看板を確認し、ヒメシャラの木が多い明るい道を少し登ってから下りきると、四辻という三差路となる。万二郎岳を指す方向に進んで緩やかに登り、水がない河原を横断し、少し急になった道をジグザグに登ると万二郎岳の山頂に到着する。やや狭い山頂で展望はあまりない。ところが、ここから少しだけ万三郎岳の方向に下ったところの狭い岩場が、コース随一の展望ポイントになっているのだ。通称、富士見岩。東伊豆から南伊豆に延びた海岸線と万三郎岳へ向かう稜線が眺められる。作品はここで撮影した。

この先を緩く下り、馬の背とアセビのトンネルを抜け、急斜面にかかるハシゴを降り、鞍部になった付近からアマギシャクナゲの群落が始まる。ブナの木に交じってシャクナゲの大木が並ぶ中を登っていくと万三郎岳に到着。伊豆半島の最高峰であり、一等三角点が設置されている。

万三郎岳から少し下るとブナ林につつまれ、開けた万三郎岳下分岐点。八丁池方面を左に見送り、長い木段で一気に高度を下げていくと涸沢分岐点に至る。この先、岩交じりの細い道をアップダウンしていくと、往路で通過した四辻を経て、出発地のバス停へとたどり着く。

[マイカー情報]

天城高原ゴルフ場のロータリー手前に登山者専用の天城高原駐車場がある。無料、88台駐車可。

[参考コースタイム：4時間25分]

伊豆市役所観光商工課
☎0558-72-9911

⑰ リゾート葉山の光彩

from Sengenyama

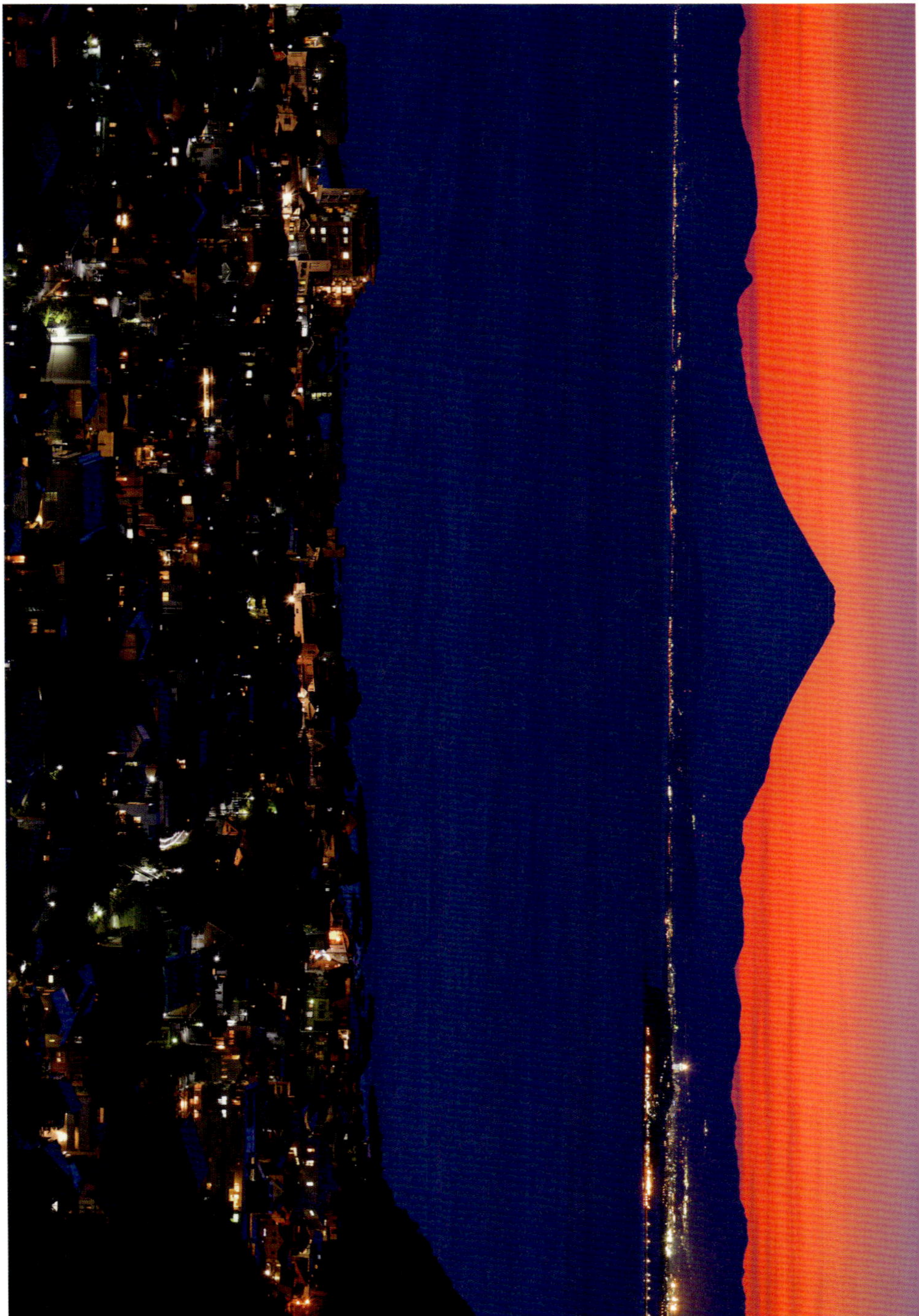

17

神奈川県
葉山町

仙《せん》元《げん》山《やま》

標高 118 m

山頂から相模湾が一望。遠くに見えるのは江の島

木の下交差点から教会への急な坂道を上がって行く

明るい山頂にはテーブル、ベンチ、トイレがある

車道の最後にある葉山教会。左横に登山道入口がある

［　行き　］

JR横須賀線・逗子駅

↓ バス約10分、200円
京浜急行バス逗子営業所
☎046-873-5511

風早橋バス停

［　帰り　］

葉山小学校バス停

↓ バス約18分、200円
京浜急行バス逗子営業所
☎046-873-5511

JR横須賀線・逗子駅

リゾート葉山の光彩

年月　2018年4月撮影
機材　ニコンD810
レンズ28-300　F4.5
設定　絞りF11 ｜ 1/1500秒
ISO400 ｜ 118mmで撮影

年月　2018年4月撮影
機材　ニコンD810
レンズ28-300　F4.5
設定　絞りF11 ｜ 20秒
ISO200 ｜ 90mmで撮影

COMMENT

ほぼイメージどおりに捉えられた自信作。狙いは葉山というリゾート地と、相模湾の向こうに沈む太陽の余韻。一日の終わりを告げる、人の営みと温もりが伝わる作品となった。

ADVICE

麓から山頂までは20分ほどなので、散歩気分で登ることができる。ダイヤモンド富士を狙うのにちょうどよい。トレーニングにも向く山だ。

大海原と富士山を眺めるお散歩山

仙元山は三浦半島の葉山にある低山。気軽に登れ、その先に続く三浦アルプスを途中まで行って、くるりと周回するハイキングコースが整えられている。山頂からは江の島と富士山が望める。

リゾート地で名高い葉山町の、風早橋バス停から出発。バスの進行方向に歩くとトンネルが見え、手前の十字路を右折。木の下交差点の左手に急坂があり、「仙元山ハイキングコース」の案内看板がある。急坂を葉山教会まで登り、着いたら建物の左手に延びる登山道へ。一歩踏み入れると景色は一変、緑があふれ、鳥の声が聞こえてくる。

木立の中の登山道を進み、階段状の道を登っていくと、あっという間に山頂に到着。ベンチやテーブルがあり、地元の人たちに親しまれている山だと感じることができる。眼下に相模湾が広がり、開放感のある眺めだ。また、山頂に「食行身禄　不二仙元大菩薩」と刻まれた石碑があり、江戸時代に富士講を広めた行者、食行《じきぎょう》身《み》禄《ろく》が人々とともに、この山から富士山を遥拝していたことがうかがえる。

山頂を後にし、次のピークへ向かおう。道標のカンノン塚を示す方向に進み、階段状の急坂を下りた後、木の根が露出した道をアップダウンを繰り返して進む。再び階段状の道を下りると、ひときわ急な登りの階段が現われる。クサリの手すりがつけられ、段数は約250。なかなかの難所を登りきると広場に出る。少し進むと大山への分岐があり、コースは右へ進むが、左の大山方向に1分ほど進むとまた展望が開ける場所がある。ここがコース上の最高地点。防災無線中継所が立っている。

分岐まで戻り、道標が実教寺を示す方面へ下る。道なりに行けば登山道が終わり、実教寺がある。花の木公園を右手に見ながら道を下りきると、ゴールの葉山小学校バス停だ。

[　マイカー情報　]

登山口にいちばん近いのは京急ストアもとまちユニオン葉山店の横のタイムズ駐車場。62台駐車可。

葉山町役場
☎046-876-1111

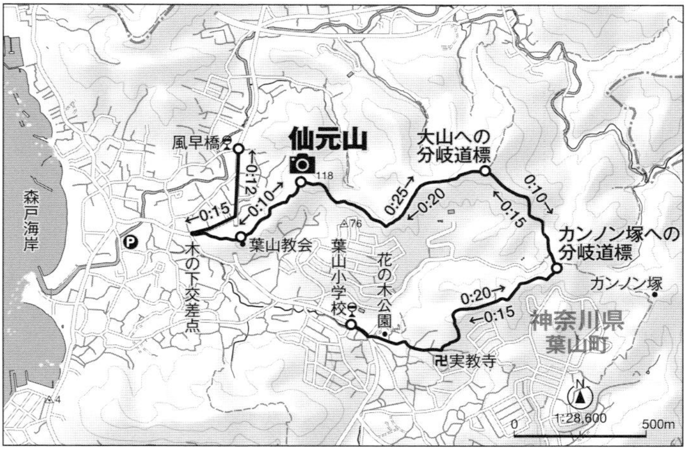

[参考コースタイム：1時間15分]

18

凍てつく朝の輝き

from Mitsutougeyama

18

山梨県
御坂山塊

三《み》ツ《つ》峠《とうげ》山《やま》

標高 1785 m

山頂付近に2軒の山小屋がある。こちらは四季楽園

登山口には駐車スペースとトイレがある

丹沢の山々や南アルプスが望める大展望の山頂

絶景テラスが魅力的な三ツ峠山荘

凍てつく朝の輝き

(年月) 2003年3月撮影

(機材) ペンタックス6×7 | レンズ35　F4

(設定) 絞り F22 | 1/15秒 | ISO50

COMMENT

冬になると気になる山のひとつが三ツ峠山。狙いは雪景色か霧氷である。この作品は私のお気に入りの一枚。厳しい冷え込みの翌日、夜明け前に撮影ポイントに着くと無風で快晴。日の出とともに素晴らしい氷の世界が広がった。

ADVICE

通年で登れる人気コース。ほぼ林道歩きで危険箇所はなく、標高が高いわりに身近な山。霧氷を撮るなら雪山装備をそろえて登るように。車にはチェーン必須。

[往復]

富士急行線・河口湖駅

↕ バス約25分、730円
富士急バス
☎0555-72-6877

三ツ峠登山口バス停

霧氷と富士の冬の絶景を収めに

三ツ峠山とは、開運山と御巣鷹山《おすたかやま》、木無山の3つの山の総称である。最高地点は開運山のピークで1785m。修験で栄えた歴史に加えて、富士山の展望に優れ、多くの登山者が訪れる人気の山だ。登山道は6ルートあるが、ここでは撮影に時間をとれるよう、裏登山道と呼ばれる最短のルートを紹介する。アクセスがよく、コースタイムが短いので冬でも登ることができる。

三ツ峠登山口バス停から林道を右へ進むと、15分ほどで公衆トイレの前に到着する。ここが登山口で、マイカーの駐車場もある。コンクリート舗装がところどころに残る林道をジグザグに登り、やや急な坂を越えるとベンチとテーブルが現われるので小休止にちょうどよい。その後、なおも急坂を登り、やがてカラマツ林の緩やかなスロープに変わると分岐となるので、右の三ツ峠山荘方面へ進んで稜線に出る。通年営業の山荘前には富士山を望める贅沢なテラス席があり、視線を左手に向けると、開運山直下の屏風岩に取り付くクライマーの姿が見えるだろう。作品はこのテラス席から少し西側に進んだところで撮影した。雪山装備で登って日の出前に到着し、美しい霧氷を捉えたのだ。

山荘の右手に進むと目の先に電波塔が見え、四季楽園を通り過ぎ、公衆トイレと休業中の富士見荘を通過。右手のザラザラの急斜面を15分ほど登れば三ツ峠山の最高峰、開運山の山頂に到着となる。

山頂はやや狭いが三ツ峠の石碑があり、富士山をはじめ、丹沢の山々や南アルプスのほとんどの山が望める大展望が得られる。

山頂を後にしたら来た道を引き返す。1時間強で登山口へ戻れるので、のんびり、何度も振り返りながら富士山の姿を目に焼きつけるといい。

[　マイカー情報　]

登山口に区画された10台分の駐車スペースがあるほか、すぐ先の分岐を左に進むとゲート手前に10台ほど駐車可。いずれも無料。

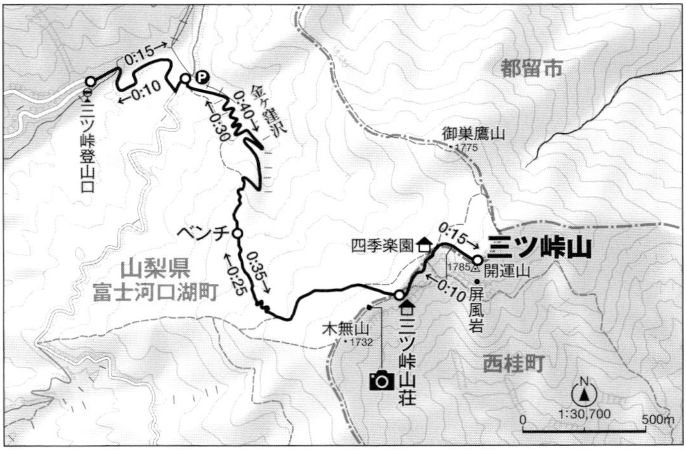

[参考コースタイム：3時間]

富士河口湖町役場
☎0555-72-1111
富士急山梨ハイヤー
☎0555-22-1800
三ツ峠山荘
☎0555-76-7473

19

春陽に包まれて

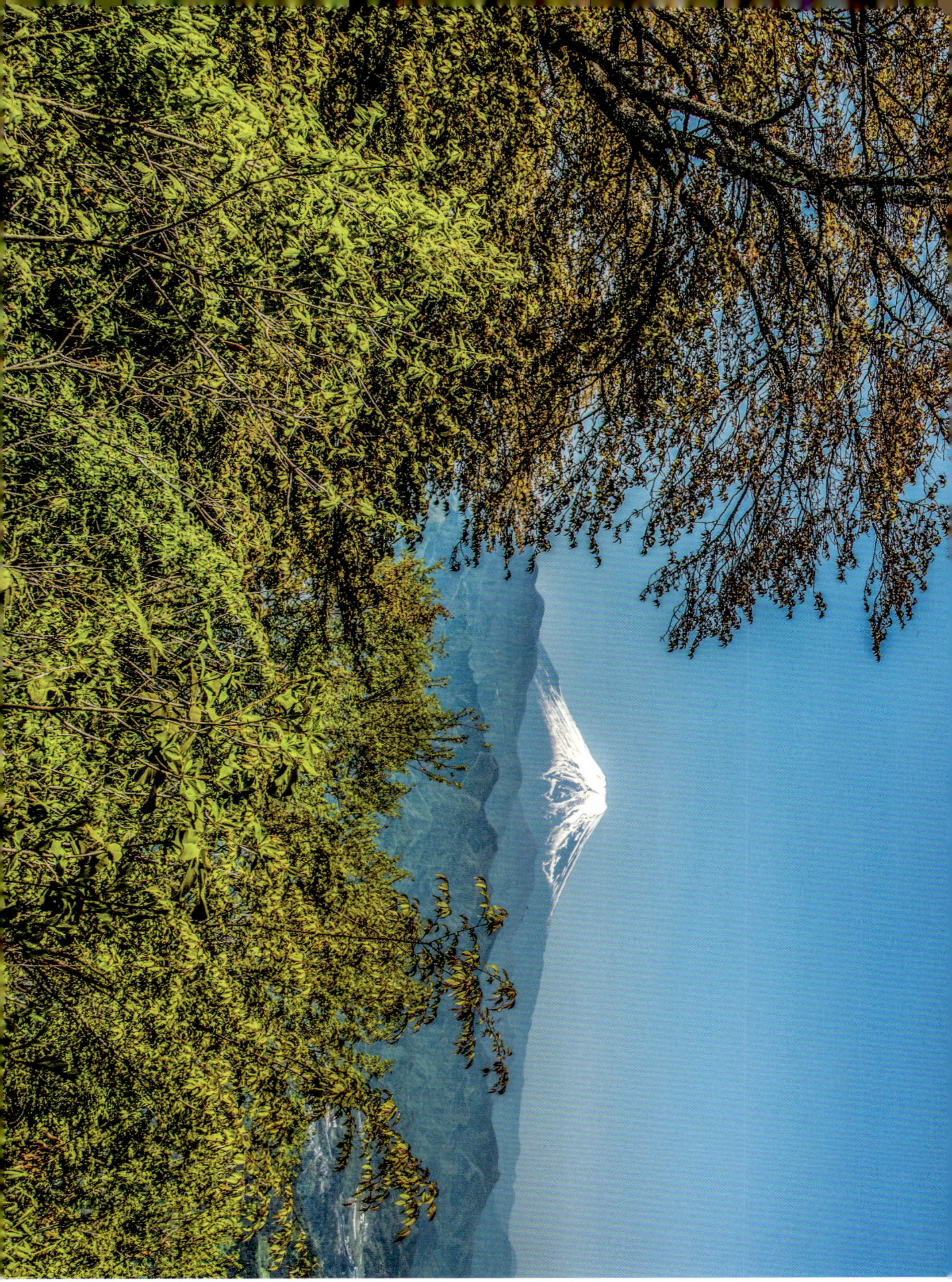

from
Shoutousan

19

東京都
奥多摩

生《しょう》藤《とう》山《さん》

標高 990 m

春になると登山道の至るところで見られるイカリソウ

甘草水で得た水は煮沸すると安心だ

バス停から佐野川の集落を通って登山道へ

多くの人が休憩している三国山山頂。生藤山より広い

甘草水休憩所から三国山にかけてサクラのプロムナードになる

甘草水休憩所はサクラの名所。ベンチとテーブルが置かれている

[行き]

JR中央本線・上野原駅

↓ バス約20分、350円
富士急バス上野原営業所
☎0554-63-1260

石楯尾神社前バス停

[帰り]

和田バス停

↓ バス約14分、250円
神奈川中央交通津久井営業所
☎042-784-0661

JR中央本線・藤野駅

春陽に包まれて

年月 2015年5月撮影

機材 ニコンD810 | レンズ24-70 F2.8

設定 絞りF11 | 1/60秒 | ISO400 | 36㎜で撮影

COMMENT

新緑とヤマザクラを題材に、おもしろい構図でまとめた。新緑は期間が長いので、天気を注視していれば撮影チャンスは多い。また、新緑に日が入る時間が遅いため比較的撮りやすい。スッキリした富士山を狙うなら雨の後に。

ADVICE

サクラの開花期はとても人気があり、賑わう山。生藤山からの下りには急な岩場があるので転倒に注意を。コースが多く、体力や目的に応じて登山計画が立てられる。

目と香りで 春を感じる山歩き

生藤山は山稜上の小さなピークなので、あまり目立たないが、登山道にヤマザクラの木が多いことでよく知られている。しかし、富士山と絡めることは難しく、意外と撮られていない。そこで、サクラと新緑と富士山をともに収める絵柄を狙い、春に訪れた。

出発地は石楯尾《いわたておの》神社前バス停。道標に従って車道を進み、林道を2回横切ると本格的な登山道が始まる。スギ林の坂をゆるやかなつづら折りで登り、石仏を過ぎたら佐野川峠に登り着く。左へ折れ、広めの尾根を進んでいくと、やがてコース中のハイライト、見事なサクラ並木となる。

やがて、テーブルとベンチがある甘草水休憩所に着く。展望もよく、絶好の休憩ポイントだ。尾根から右に100mほど行くと日本武尊《やまとたけるのみこと》の伝説が残る甘草水が湧き出ている。水場から尾根に戻って進み、軍刀利《ぐんだり》神社分岐を過ぎると、三国山へ向かってなだらかな道が続く。このあたりもヤマザクラが美しい。ほどなくして着く三国山の山頂は広く、テーブルとベンチが置かれ、いつも多くの登山者で賑わっている。

ここからは「関東ふれあいの道」となり、少し下って岩場をひと登りすると生藤山だ。木立に囲まれ、こぢんまりとした山頂は西側が開け、富士山が望める。静かに休憩するにはぴったりな場所だ。

下山は和田バス停を目指す。山頂からすぐに急下降の岩場になり、続いてまっすぐに階段状の尾根を登ると茅丸。コース中の最高地点だが、展望はさほどない。階段を下り、広葉樹の広い尾根を緩やかにアップダウンを繰り返すと山の神の分岐に着く。右に行き、つづら折りを下っていくと、やがて左が大きく開け、丹沢の山々や谷筋の見事な光景が目に入る。さらに下ると舗装路となり、和田バス停に到着する。

[マイカー情報]

入・下山口が離れているためマイカーは不適。ただし、和田バス停から2停留所、藤野駅寄りの鎌沢バス停の近くに県立無料駐車場がある。10台駐車可能。

藤野観光協会
☎042-684-9503

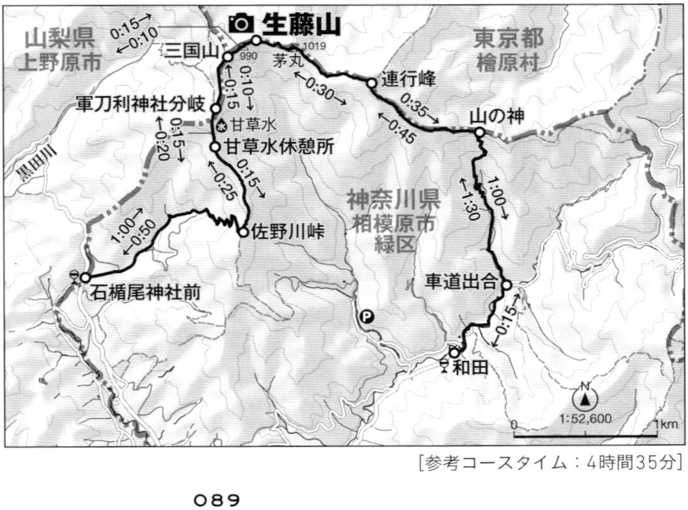

[参考コースタイム：4時間35分]

千載一遇の瞬間《とき》

20

from
Kintokiyama

20

神奈川県・静岡県
箱根

金《きん》時《とき》山《やま》

標高 1212 m

山頂からは眼下に箱根仙石原、遠方に芦ノ湖を見渡せる。壮大な眺めだ

箱根の山は天下の剣。山頂には有名な金時娘さんの茶屋もある。

[行き]

小田急線・JR東海道線・小田原駅

↓ バス約40分、1000円
箱根登山バス小田原営業所
☎0465-35-1271

仙石バス停

[帰り]

乙女口バス停

↓ バス約30分、710円
箱根登山バス宮城野営業所
☎0460-86-0880

JR御殿場線・御殿場駅

※帰りは路線バスで御殿場駅や箱根湯本駅のほか、高速バスで新宿へ行くこともできる。また、国道を通って仙石バス停に戻れば本数が多い。

千載一遇の瞬間《とき》

年月 2018年11月撮影

機材 ニコンD810 ｜ レンズ150-600　F5.6

設定 絞りF11 ｜ 1/180秒 ｜ ISO800 ｜ 220㎜で撮影

COMMENT

前日に雪が降り、東の空に雲はなく、低い位置から朝日が差した。この作品は大自然が味方してくれ、千載一遇の出逢いとなったと思う。さらには、緻密に撮影位置を計算し、狙いに狙ってゲットしたこの喜びは計り知れない！

ADVICE

矢倉沢峠のうぐいす茶屋はおよそ20年も休業していたが2015年に土日のみ営業を再開した。歓待ぶりがすごい！と評判。乙女峠への下りでは転倒に注意を。

自然界の奇跡が生む幻想的なパール富士

箱根外輪山の最高峰である金時山は金太郎伝説で知られ、山頂からの富士山の眺めが素晴らしい山。さらに、満月がてっぺんに沈んでいく「パール富士」の、山と月のバランスが絶妙な撮影スポットなのだ。作品は何度もチャレンジして、ようやく撮れたものだ。

登山コースは複数あるが、最もポピュラーな金時登山口から登り、下山中に乙女峠で再度富士山を眺める、富士山三昧のルートを紹介しよう。

仙石バス停から5分ほどで金時山ハイキングコースの道標があるので矢倉沢口の方向へ右折し、別荘地を通っていく。やがて右側に登山口の階段が見え、ハコネダケの茂る森を緩やかに登り、矢倉沢峠へ。うぐいす茶屋の左手上方に、目指す金時山をとらえる。

この先に仙石原一帯を見下ろせる大岩があり、ほどなくして金時神社からの道と合流。徐々に険しい道となり、丸太の階段や岩場を注意して登ると山頂に到着だ。山頂はとても広く、2軒の茶店がある。また、パール富士が見える日にはそれを狙うカメラマンでいっそう賑わう。実をいうと私は、山頂からだと赤く焼ける時間と月の位置がよくないと計算し、山頂から10分ほど下の登山道から撮影したのだ。

下山は2つの山小屋を背にして右下に見える道へ。すぐに急下降となる。滑りやすい粘土質の土で、道が大きくえぐれた箇所もあるので、落ち着いて下るように。ロープが張られたり、手すりが設置された場所もある。鞍部まで下ってゆるやかに登り返すと長尾山。山頂は広く平坦だが、眺望はない。ここからどんどんと下り続けると乙女峠に到着。富士山を展望できる櫓が建てられ、眺めがよい。

乙女峠からは箱根側へ、樹林帯をジグザグに下り、乙女口バス停へ。ここから御殿場駅か箱根湯本駅に行ける。

[マイカー情報]

公時神社に無料駐車場があり、20台ほど駐車可能。満車の場合は金時ゴルフ練習場の駐車場へ。30台駐車可能で1日500円。

[参考コースタイム：3時間5分]

箱根町総合観光案内所☎0460-85-5700

秋晴れ日本一

from
Kikkasan

21

山梨県
大月市

菊《きっ》花《か》山《さん》

標高 644 m

登山口からすぐ急斜面が続くので慎重に登りたい

大月駅前ロータリーの背後に見える山が菊花山

山頂からは眼下に大月駅、背後に大菩薩嶺を望む

大月バイパス沿いの墓地の隣に登山口がある

[行き]

中央本線・大月駅

↓ 徒歩約20分

金刀比羅宮

[帰り]

愛宕神社近くの登山口

↓ 徒歩約10分

富士急行・禾生駅

秋晴れ日本一

年月 2018年11月撮影

機材 ニコンD810 ｜ レンズ24-70　F2.8

設定 絞りF11 ｜ 1/60秒 ｜ ISO400 ｜ 38㎜で撮影

COMMENT

自分で言うのもおかしいが、この作品は画面構成にまったく無駄のない、素晴らしい構図になっている。また、幸運なだけでなく、光を計算している。山の影が手前に入る早朝でも、日が上がり過ぎてもダメなのだ。

ADVICE

菊花山への登りはとにかく急だ。土質も滑りやすいため、雨や雪の後は特に注意を。駅からすぐに登れる山だけに、雪景色も含め、四季折々に撮影してもらいたい。

急登、展望、アップダウンと変化に富んだ山歩き

大月駅舎を出て、目の前にそびえる山が菊花山。駅からわずかな時間で登ることができ、山頂からの展望もよい。ただしその分、かなりの急登であり、なかなかおもしろい山だ。近くの山と併せて歩く複数のコースを組めるなか、ここでは大月駅から菊花山に登り、馬立山、九鬼山に登頂後、禾生《かせい》駅に下るコースを紹介しよう。

　駅から山に向かってまっすぐ進み、突き当りのバイパスを右へ折れ、すぐにある階段を登ってフェンス沿いに進むと左手に墓地が現われる。墓地の手前で左に上がり、金刀比羅宮の鳥居をくぐれば登山スタートだ。ロープが付けられた滑りやすい急坂を登っていく。視界が開ける尾根道へ出て、岩が多くなってくれば菊花山まであとわずかだ。たどり着いた山頂はやや狭いが展望は抜群。岩殿山、百蔵山《ももくらさん》、扇山の全容が眺められ、これから行く馬立山、九鬼山を望むことができる。

　山頂を後にしたら、かなり下り、また登ると稜線に突き上がる。右へ進み、ひと登りの沢井沢ノ頭を過ぎると平坦で明るい道となり、大きな岩の塊を左に回り込んで馬立山の山頂へ。

　展望がない馬立山の山頂から一気に高度を下げ、また登ると樹林に囲まれて薄暗い札金峠。田野倉駅への分岐を過ぎてしばらく行くと、広くて平坦な紺屋休場に到着する。眺めがよいので、ここで休憩する登山者も多い。

　この先は尾根伝いではなく、北側に回り込むように登山道があり、九鬼山の山頂に到着。ここからは大菩薩や奥多摩方面を眺められ、少し下った富士見平からは富士山が望める。最後の展望を楽しんだら、愛宕神社の近くの登山口を目指して下り、禾生駅へ至る。

[参考コースタイム：5時間30分]

大月市産業観光課☎0554-20-1829

[　マイカー情報　]

入・下山口が違うためマイカーは不適だが、出発地である大月駅周辺には複数のコインパーキングがある。

厳かに明ける　22

from
Makiyoseyama

22

東京都
奥多摩

槙《まき》寄《よせ》山《やま》

標高 1188 m

山頂は際立ったピークというより尾根の稜線上にある

檜原街道沿いにある仲の平バス停から出発

山頂からは中央本線の山々を間近に望める

稜線の十字路のようになっている西原峠

[行き]

JR五日市線・武蔵五日市駅

↓ バス約51分、940円
西東京バス五日市営業所
☎042-596-1611

仲の平バス停

[帰り]

温泉センターバス停

↓ バス約50分、940円
西東京バス五日市営業所
☎042-596-1611

JR五日市線・武蔵五日市駅

厳かに明ける

年月 2009年1月撮影

機材 ニコンD300S | レンズ28-300 F4.5

設定 絞りF22 | 1/25秒 | ISO200 | 105㎜で撮影

COMMENT

都内にみぞれが降りだしたときに車で出発。登山口は予想どおりの雪景色だった。富士山を尾根越しで望むため、尾根の入れ方ひとつでイメージが変わる。私は少し長めのレンズで富士山を引きつけ、重厚感ある作品とした。

ADVICE

笹尾根では次々と峠が現われるので、本コースの分岐となる数馬峠を見落とさないように。雪の後は道がわかりにくくなるので道標を確認しながら進むこと。

冬の早朝
静かに雪の富士を収める

東京都と山梨県、神奈川県の境を走る長大な笹尾根に位置する槇寄山。登山口から1時間30分ほどで到着するわりに、山頂からの眺めは素晴らしく、いつかはこのピークで降雪直後の撮影をしたいと思っていた。

登山口は仲の平。バス停から槇寄山を指す道標に従って左横に通じる車道に入り、道なりに進んでいくと、民家に突き当たる道路の終点で右側に細い階段があり、登山道が延びている。しばらく行くと「国定忠治が遠見した所」という手書きの標柱がある。のどかな里山の雰囲気の後、植林された道となり、太平からの道を合わせると徐々に急な登りとなってゆく。大きく折り返し、緩やかな尾根に上がると西原峠《さいはらとうげ》に到着。ここを右手に少し行けば槇寄山の山頂だ。広い山頂で、圧巻そのものの富士山を望むことができる。なお、雪の季節に低山で撮影する際、何よりも大事なことはスピードである。日が上がると一気に雪が落ちてしまうからだ。フレーミングや構図を変えながら、何枚も何枚も撮る。私も夢中でシャッターを押した。

撮影後は、冬山で冷えた体を温めるべく、温泉を目指して下っていくとよいだろう。

西原峠へ戻り、笹尾根の稜線歩きをスタートする。自然林の間に御前山、浅間尾根を眺めながら緩やかに下り、田和への分岐となる峠を通過。平坦な道をさらに進むと数馬峠に到着する。丹沢や富士山のパノラマ展望が広がり、ベンチもある。景色を目に焼きつけた後、ここで右に折れ、歩きやすい樹林帯を下っていく。途中でたびたび現われる道標を確認しながら軽快に進んでいくと、登りで通った道に出る。車道まで出たら右に行くと日帰り温泉施設の「数馬の湯」がある。冬の山行では実にありがたい。

檜原村観光協会☎042-598-0069
数馬の湯☎042-598-6789

[　マイカー情報　]

仲の平バス停の近くにトイレのある無料駐車場がある。10台分のスペースがあるが、登山者用はトイレ側の4台のみ。他は隣接する蛇の湯温泉たから荘の利用者用。

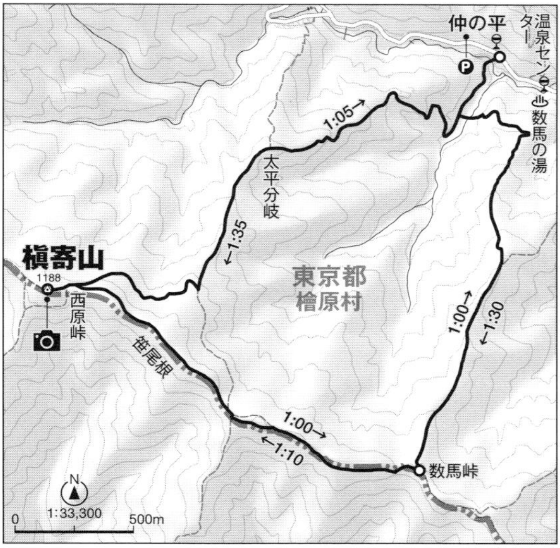

[参考コースタイム：3時間35分]

華やかに富士を見つめて　23

from
Shirayanomaru

山梨県
大菩薩連嶺

白《しら》谷《や》ノ《の》丸《まる》

標高 1920 m

歩き始めてすぐ、稜線の十字路にでる

駐車場がある湯ノ沢峠にはきれいなトイレがある

山が重なる様子が新緑期は特に美しい

泊まることもできる湯ノ沢峠避難小屋

[　行き　]

JR中央本線・甲斐大和駅

↓ タクシー約40分、約7000円
勝沼観光タクシー
☎0553-44-1432

湯ノ沢峠

[　帰り　]

やまと天目山温泉バス停

↓ バス約15分、300円
栄和交通☎0553-26-2344

JR中央本線・甲斐大和駅

※帰りのバスは4月第2土曜〜12月第2日曜の土・日・祝日（一部平日あり）のみの運行。

華やかに富士を見つめて

年月　2018年6月撮影

機材　ニコンD810 ｜ レンズ24-70　F2.8

設定　絞りF11 ｜ 1/125秒 ｜ ISO400 ｜ 35㎜で撮影

COMMENT

長年通ってようやく納得できる作品が撮れた。なお、この構図だと60㎜前後の画角になるが、被写界深度が浅いので、あえて広角で撮影し、トリミングして作品にしている。つまり、トリミングを前提にした撮影法だ。

ADVICE

白谷ノ丸を往復するだけなら1時間40分くらいで可能。米背負のタルからの沢沿いの道は荒れていることもあるので、進路と足元をしっかり確認しながら進むこと。

のびやかで開放的な草原を軽快に歩いていこう

白谷ノ丸は、多くの人が「なぜ秀麗富嶽十二景に入っていないのだろう?」と首をかしげるほど、富士山が美しく見える山。登山口から30分前後で着くため、この山を目当てに登るというより、大菩薩嶺の縦走コースのひとつとして訪れる人が多いようだ。

スタート地点は湯ノ沢峠。駐車場を後にし、車道の終点に立つ湯ノ沢峠避難小屋を通過すると十字路に出るので左へ。背の高いクマザサの中を進み、しばらく行くとザレ場となり、その後は草原となる。開放的な草原に延びる一本道を進めば、やがて標識のある山頂に到着。ミツバツツジの最盛期を狙って登ったのが前ページの作品だ。ツツジは開花期の見極めが難しいため、何年も通い続けてやっと捉えたものだ。花つきのよい木を選んで撮影し、朝の斜光線でライティングはよかったが、手前が少し暗いのでストロボを弱めに発光している。

納得の一枚が撮れたら湯ノ沢峠に戻り、帰路についてもよいが、ここでは、南下して南大菩薩嶺を縦走し温泉に到着する、というコースを紹介しよう。温泉からバスも出ているので駅へ行くにもちょうどよい。

湯ノ沢峠まで戻り、十字路の分岐を直進し、大蔵高丸へ向かう。樹林帯に入り、急登していくと再び草原となり、富士山を正面にした展望抜群の大蔵高丸の山頂に立つ。ここから高原状の尾根歩きが続き、マハイバ丸を越えると南アルプス、奥秩父、富士山と、見事なパノラマが展開する。やがて、天下石と呼ばれる大岩に出会い、先の広い斜面を下ると、美しい自然林に囲まれた米背負のタルという名の鞍部となる。ここで稜線から離れて沢沿いを下っていくと、舗装された大鹿林道に通じ、やまと天目山温泉に到着する。

［　マイカー情報　］

入・下山口が違うためマイカーは不適だが、湯ノ沢峠に10台ほど駐車できる（無料）。冬期は林道が通行止めになるので注意。

大月市産業観光課☎0554-20-1829
やまと天目山温泉☎0553-48-2000

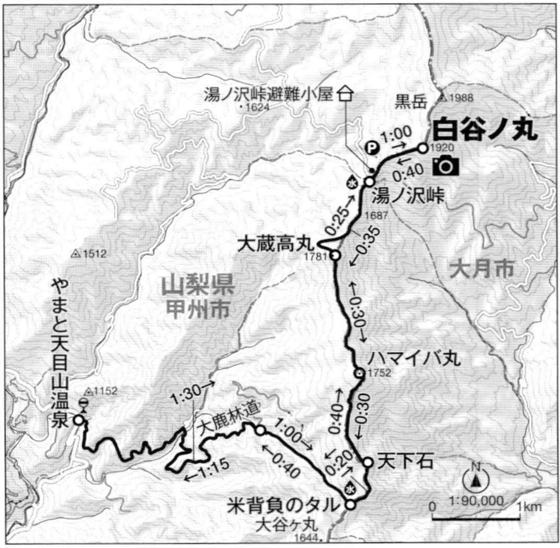

[参考コースタイム：4時間30分]

雲海に浮かぶ　24

from
Kenashiyama

24

静岡県
天子山地

毛《け》無《なし》山《やま》

標高 1945 m

登り始めてまもなく、不動の滝を眺める展望台がある

登山口には有料の広い駐車場がある

三角点が置かれた山頂。平坦で東側が開けている

クサリゲートの脇から入る登山口には登山道案内図が

雲海に浮かぶ

年月 2018年8月撮影

機材 ニコンD810 ｜ レンズ24-70　F2.8

設定 絞りF11 ｜ 1/180秒 ｜ ISO400 ｜ 36㎜で撮影

COMMENT

種を明かせば、この作品は運がよかった。実はパール富士を狙っていたのだが、予想以上に時間がかかり、標高を上げると濃いガスが漂ってしまったのだ。しかし、ガス帯を抜けると見事な雲海が！　登りの苦しみもふっ飛んだ。

ADVICE

とにかくきつい登山道なので気合を入れて登ろう。下山は地蔵峠を経由して登山口に戻るコースが歩きやすいが、2019年5月現在は崩壊のため通行止め。復旧後はこちらへ。

［　往復　］

JR東海道新幹線・新富士駅バス停

↕ バス約1時間10分、1350円
富士急静岡バス
☎0545-71-2495

朝霧グリーンパーク入口バス停

※この他、富士急行線河口湖駅やJR見延線富士宮駅からも富士急静岡バスの便がある。

雲海の大海原に浮かぶ富士

天守山地に連なる山で最高峰の毛無山は、急登に次ぐ急登で、かなり登り応えのある山だ。山頂から富士山との間に遮る山がなく、その距離は17・8kmしかないため、富士山を間近に見ることができる。作品は、奇跡的に見事な雲海が現われたもの。富士山の雄大さが際立っている。

朝霧グリーンパーク入口のバス停から、毛無山登山道の看板の矢印が示す方向に進む。ふもとっぱらキャンプ場を通過し、突き当りを左に行くと駐車場があり、登山口となる。クサリがかかっているが、その脇を抜けて登っていくと地蔵峠への分岐があるので右へ。ここから本格的な登山道が始まる。

九合目まで岩場の急登が続き、ロープとクサリの連続で、足が上がらなくなるほどだ。一合目から九合目まで各合目ごとに標識が立てられているので、それを励みに焦らず登ろう。

分岐から25分ほどの不動の滝見晴台では、山肌を流れ落ちる滝の雄姿を見ることができ、四合目標識の先にはレスキューポイントがある。ぐんぐんと高度を稼ぎ、八合目標識の先で現われる突き出た岩が、富士山展望台。文句なしの迫力だ。作品はここで撮影した。雲の下には朝霧高原が広がっている。

山頂へはもうひとがんばり。稜線まで上がり、地蔵峠からの道と合流して右へ行けば到着。毛無山山頂は広く、富士山が目の前にあり、登りのつらさを忘れさせてくれる。

なお、山頂から少し北、雨ヶ岳方面に2分ほど進んだところに絶好の撮影ポイントがあるので、ぜひ訪れてもらいたい。草原の斜面があり、寝転んでくつろぐこともできる。さらに、その先に進むと登山道の少し左奥に１９６４ｍの毛無山最高点がある。

下山は来た道を戻る。ただし、急坂なので足元を確認しながら慎重に。

［ マイカー情報 ］

登山口ゲートの左手に一日500円の駐車場がある。25台駐車可能。

富士宮市観光課
☎0544-22-1155
岳南タクシー富士宮営業所
☎0544-26-4114

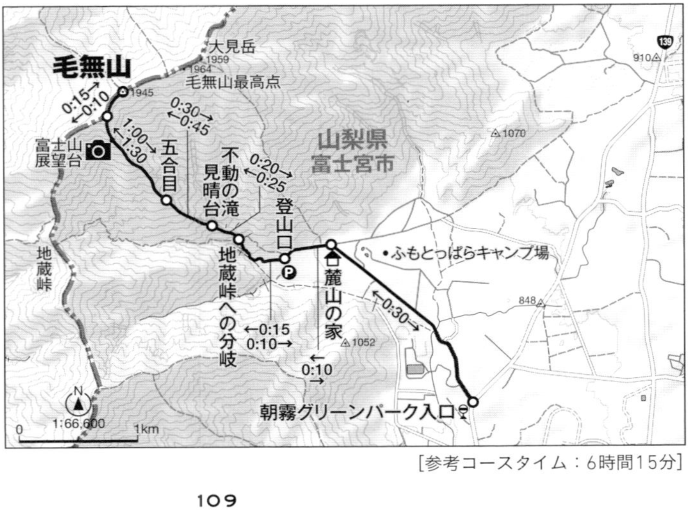

[参考コースタイム：6時間15分]

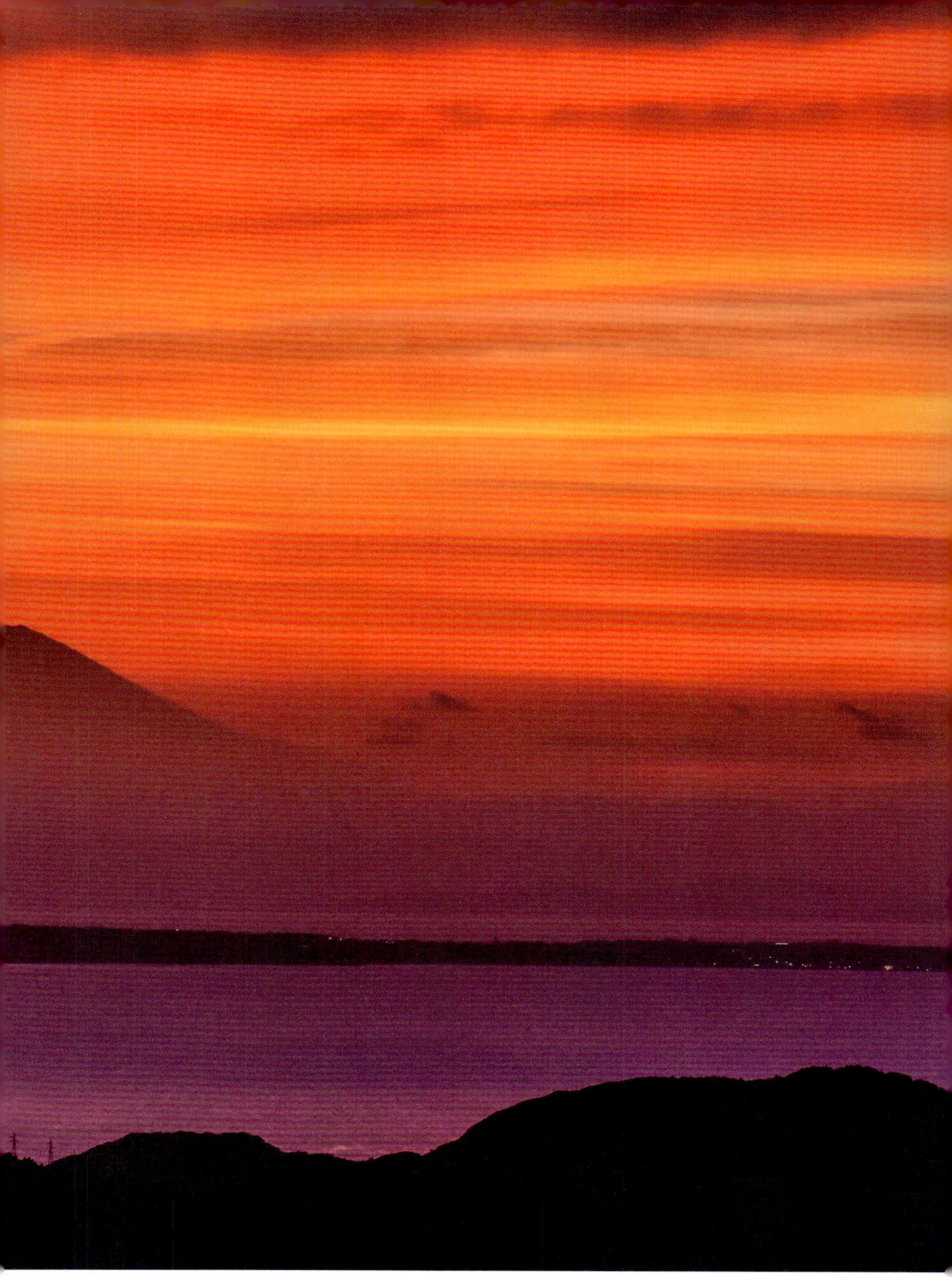

Burning Sunset （燃える夕日）

from
Iyogatake

25

千葉県
南房総市

伊《い》予《よ》ヶ《が》岳《たけ》

標高 337 m

案内板やテーブルなどがある山頂。いちばん奥に見えるのは鋸山

登山口の平群天神社には菅原道真公が祀られている

山頂直下は岩稜帯の急斜面でロープを使って登る

切り立った山頂からは360度の大展望が広がる

[往復]

JR内房線・岩井駅

↑ バス約26分、200円、1日3便
南房総市営バス（トミー）
↓ ☎0470-33-1001

天神郷バス停

※バスの便数が少ないため、岩井駅からタクシーを利用するほうが便利。

Burning Sunset（燃える夕日）

年月 2018年8月撮影

機材 ニコンD810 ｜ レンズ150-600 F5.6

設定 絞りF11 ｜ 1/60秒 ｜ ISO1250 ｜ 165mmで撮影

COMMENT

この作品は、狙ったダイヤモンド富士にはならず落胆した直後、富士山の真後ろに沈んだ太陽が起こした奇跡の絶景である。なお、東京湾と三浦半島を挟んだ構図を狙えるが、距離があるため長めのレンズが必要。

ADVICE

ダイヤモンド富士を狙う場合は下山が暗くなるのでヘッドランプは必携。展望台から先は急登なので注意を。断崖の山頂はクサリの囲いから絶対に乗り出さないように。

房総から遠くの富士を狙う

房総半島のマッターホルンと呼ばれている標高337mの伊予ヶ岳は、千葉県南房総市にある富山三山《とみやまさんざん》（富山《とみさん》・御殿山・伊予ヶ岳）のひとつである。なだらかな山が多い房総では珍しい岩峰で、千葉県内で唯一、山名に「岳」がつく。伊予国の石鎚山に山容が似ていることから、伊予ヶ岳の名前がついたと言われている。

この山から狙うのはダイヤモンド富士である。毎年8月のお盆休みのあたりは、富山三山それぞれでダイヤモンド富士が撮影できる可能性があるのだ。夏場は透明度がなく敬遠されがちだが、運がよければ思わぬ秀作に出会えるかもしれない。

天神郷バス停横の大鳥居をくぐると平群天《へぐりてん》神社の拝殿があり、その左手奥から登山道に入る。ジグザグに登っていくと富山へ向かう道との分岐があり、その先にあずまやが立ち、ベンチの置かれた展望台がある。その後、ロープとクサリのある岩まじりの急斜面を慎重に登り詰めると伊予ヶ岳南峰に到着。荒々しい岩峰上に立てば360度の大パノラマと断崖のスリル感をセットで楽しめる。

なお、山頂は、この南峰と北峰からなり、三角点があるのは北峰。北峰までは数分の距離なので、ぜひ足を延ばして北峰から南峰の山容を眺めてこよう。

下山は往路を戻る。夏でも登山者が多いことには驚かされるが、富山や御殿山などと組み合わせて、富山三山を登るのも楽しみ方のひとつである。

また、眼下に広がる箱庭風景など、四季折々の彩りの景色が楽しめるのも伊予ヶ岳の魅力だ。ぜひ夏の低山を楽しんでほしい。

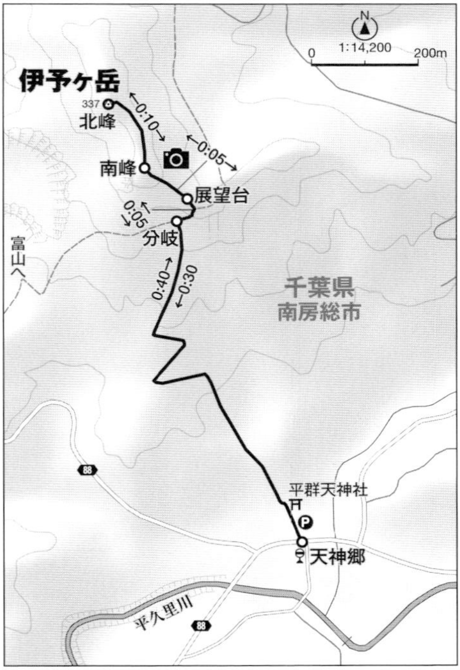

[参考コースタイム：1時間50分]

南房総市役所商工観光部☎0470-33-1091
鋸南タクシー☎0470-55-0239

[マイカー情報]

平群天神社の境内に20台程度の無料駐車場がある。トイレもある。

冬日和に望む　26

from
Shoumureyama

26

山梨県
上野原市

聖《しょう》武《む》連《れ》山《やま》

標高 542 m

山頂には大きな電波塔が立っている

急な登りの先には見晴台と呼ばれる展望台がある

桐原橋を渡り、その先の中見山トンネルを抜けると登山口がある

電波塔が立って登山の趣には欠けるが、それを挽回できる展望だ

山頂からは上野原市街や道志の山々が間近に見える

登山口には東ルートと西ルートの道標がある。登りは東ルートで

[行き]

能岳下山後の車道出合

↓ 徒歩約10分

聖武連山東登山口

[帰り]

尾続バス停

↓ バス約20分、350円
富士急バス上野原営業所
☎0554-63-1260

JR中央本線・上野原駅

冬日和に望む

年月 2016年2月撮影

機材 ニコンD810 ｜ レンズ70-200 F2.8

設定 絞りF11 ｜ 1/125秒 ｜ ISO800 ｜ 190㎜で撮影

COMMENT

ここからの富士山は、積み重ね構図で安定感があり、実に絵柄がよい。ただし、前景になる山が若木の植林のため、はげたイメージは否めないので、雪景色で決めたいところだ。私は白雪を抱いた美しい作品を選んだ。

ADVICE

聖武連山を単独で登るなら向風バス停か尾続バス停から。聖武連「夢」吊橋は観光客も多く訪れている。登りは急斜面だがすぐに終わるので、ゆっくり落ち着いて登るといい。

里山の急坂を登った先に素晴らしい眺望が広がる

市民に愛され、気軽に登れる里山で、山頂からの展望に優れた聖武連山。コースタイムが短いので隣の八重山、能《のう》岳《だけ》と併せて登るのが一般的であり、人気もある。ここでも八重山と能岳に登頂し、下ってきて車道に出たところからスタートしよう。能岳まではＰ１４４を参照いただきたい。

車道に出たら右へ進む。桐原《ゆずりはら》橋を渡り、中見山トンネルを抜けると聖武連山東登山口に着く。

聖武連山には東側から登る東ルートと西側から登る西ルートの２つがあり、傾斜がきつく、滑りやすい東ルートを登りに使い、西ルートで下りるのがおすすめだ。

登山口からいきなり急登が続き、ロープが付けられた場所もある。足元に気をつけながらぐんぐんと登っていくと、ちょうどひと休みしたくなる頃に丸太を切ったベンチが置かれた場所に着く。西面が開け、富士山や近くの山々を望む見晴台となっている。

ここから少し登ると尾根に出て、電柱を過ぎれば聖武連山の山頂に到着だ。山頂部を大きく占めるテレビ中継塔は無粋だが、上野原市内を一望でき、富士山をはじめ、石老山《せきろうさん》から権現山までの素晴らしい眺めが得られる。

展望を楽しんだら、西ルートの道標を確認して出発。ジグザグに下っていくと、あたりはスギ林から竹林に変わってくる。大きな炭焼き窯の跡を見て民家らしき建物を過ぎれば、西ルートの登山口に到着する。

ここから東登山口のほうへ向かっていくと鶴川に立派な吊り橋が架かっている。これは２０１７年に完成したもので「聖武連『夢』吊橋」と名前がつき、これまで行き来に約1時間かかっていた両岸の集落がつながった、まさに、夢を叶えた吊り橋だ。この吊り橋を通り、尾続《おづく》バス停に行けばゴールだ。

[　マイカー情報　]

入下山口が離れているためマイカーは不適。ただし、八重山の登山口には10台駐車可能な無料駐車場がある。

[参考コースタイム：1時間55分]

上野原市観光協会☎0554-62-3150

新緑のランデブー

from
Sougakusan

27

東京都
奥多摩

惣《そう》岳《がく》山《さん》

標高1341m

ベンチが置かれた御前山山頂。展望は良くない

御前山と惣岳山の周辺はカタクリの群生地でも有名

武蔵五日市側の入・下山口となる藤倉バス停

水場もある御前山避難小屋は撮影拠点に便利

[　行き　]

JR五日市線・武蔵五日市駅

↓ バス約32分、600円
西東京バス五日市営業所
☎042-596-1611

小沢バス停

[　帰り　]

藤倉バス停

↓ バス約49分、750円
西東京バス五日市営業所
☎042-596-1611

JR五日市線・武蔵五日市駅

新緑のランデブー

年月　2009年5月撮影

機材　ニコンD300S ｜ レンズ28-300　F4.5

設定　絞りF29 ｜ 1/8秒 ｜ ISO200 ｜ 36㎜で撮影

COMMENT

新緑の奥多摩を撮りたくて幾度か足を運んだ中の一枚である。この季節の難しさは空気感。ヘイズがかかるのは当たり前、富士山が見えればラッキーみたいなものだ。新緑は見た目以上に黄色く写るので色補正が必須。

ADVICE

全般的に緩やかな傾斜が続く軽快なコース。なお、小河内峠にある道標に、正しいバス停名は藤倉だが集落名が藤原のため、藤原バス停と書かれてある。紛らわしいので注意。

避難小屋に泊まり
隠れた絶景ポイントへ

美しい三角形の山容を見せる御前山の隣にあるピークが惣岳山。実は、惣岳山の山頂から三頭山へ続く尾根を15分ほど下ったところに、知る人ぞ知る撮影スポットがあるのだ。山名板はないが標識に05－340と記され、ソーヤの丸デッコと呼ばれている。この絶景ポイントで早朝の景色をカメラに収めるために、御前山の避難小屋に泊まる予定でコースを組んでみよう。檜原《ひのはら》側から湯久保尾根を登り、御前山と惣岳山に登頂後、陣馬尾根を下る。

小沢バス停から右手に見える赤い欄干の橋を渡り、左に折れて川沿いに進むと道祖神が祀られた登山口に着く。まもなく伊勢清峰神社の鳥居が見え、1時間ほど進むと大岩があり、ロープがつけられた岩場を通過する。この先はゆるやかな登り。湯久保山を通過し稜線に上がると御前山避難小屋が立っている。ここから階段状の登山道を上がると山頂だ。下見がてら山頂まで行き、日が暮れる前に避難小屋へ戻ろう。

翌朝、目指すはソーヤの丸デッコ。再び御前山の山頂を通り、そのまま直進、境橋への分岐をやり過ごせばすぐに惣岳山の山頂に着く。展望はあまりないが、御前山の山頂よりも広い。小河内峠方面への道標を確認して向かっていくと突然、眺めのよい岩場のピークが現れる。ここがソーヤの丸デッコだ。石尾根から雲取山《くもとりやま》、奥秩父の山脈が連なり、その向こうに富士山を望むのだ。

撮影を楽しんだら先へ進もう。ヤセ尾根を通過する際は慎重に。たどり着いた小河内峠にはベンチが置かれ、奥多摩湖を見下ろせる。一息入れたら「檜原村藤原バス停」方面へ。この陣馬尾根はなだらかで歩きやすい。軽快に下りきった登山道の終点には道祖神がある。舗装路を進み、春日神社を経て階段を下りればバス停はすぐだ。

[マイカー情報]

入・下山口が違うため、マイカー利用は適さない。

奥多摩観光協会
☎0428-83-2152
檜原村観光協会
☎042-598-0069

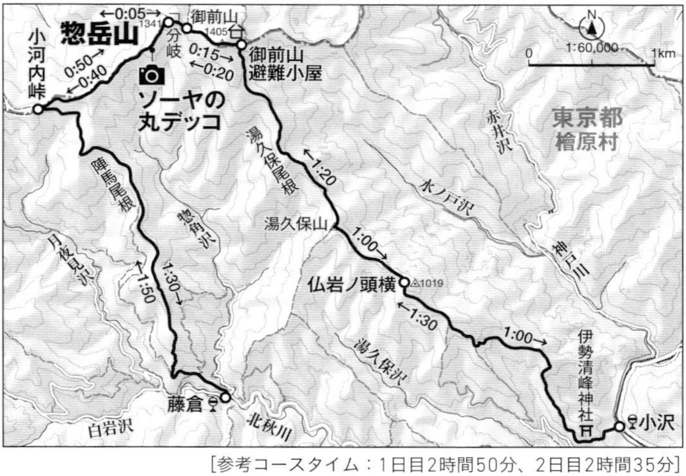

[参考コースタイム：1日目2時間50分、2日目2時間35分]

厳たる雄姿 ㉘

from
Takagawayama

28

山梨県
大月市・都留市

高《たか》川《がわ》山《やま》

標高 976 m

平日なら眼下に実験線を走るリニアを見ることもできる

登山道に入る直前に簡易トイレが置かれている

尾根に雪があるときは慎重に下りたい

冬でも多くの登山者が訪れる高川山山頂

[行き]

JR中央本線・初狩駅

↓ 徒歩約30分

高川山新ルート登山口

[帰り]

リニア見学センター

↓ バス約15分、300円
富士急バス大月営業所
☎0554-22-6600

JR中央本線・大月駅

厳たる雄姿

年月 2016年1月撮影

機材 ニコンD810 | レンズ28-300 F4.5

設定 絞りF11 | 1/350秒 | ISO400 | 100mmで撮影

COMMENT

高川山は年に数回訪れるので作品が多く、どれを掲載するか悩んだが、富士山がデンと構えて美しさを表現した作品を選んだ。街並みが雪化粧をし、たなびく雲が画面を引き締めている。長めのレンズで圧縮効果を活かした。

ADVICE

ロープが設置された急な斜面がところどころにあるので、注意して通過を。山頂は大勢の人で賑わい、土日には休む場所がないほどだ。降雪直後は軽アイゼンが必要。

ジオラマのような展望を堪能する

中央本線沿線の山の中でも高川山の人気は極めて高い。理由は短時間で登れることと、３６０度の大展望にある。均整がとれた美しい富士山の眺めは沿線随一かもしれない。ここでは、リニアの見学施設に立ち寄る、おまけつきの登山コースを紹介しよう。

初狩《はつかり》駅から高川山の道標を確認しながら進み、自徳寺の墓地の脇から林道に入る。沢音を聞きながら登っていくと簡易トイレがある広場となり、その先が登山口。「高川山新ルート登山口」の道標があり、ここで男坂・女坂コースと沢コースに分かれる。左の男坂・女坂コースを選び、動物よけのネット柵に沿って進むと、ジグザグの急登から直登に変わり、男坂と女坂の分岐となる。大差はないが、男坂のほうが距離が短いのでこちらを進む。

ところどころにロープが設置された急登を進むと富士山の頭が見えはじめ、先ほど別れた女坂と合流。ここからひと登りで高川山の山頂に到着だ。露岩がゴロゴロしている広い山頂からは、三ツ峠山、御正体山《みしょうたいやま》、今倉山、九鬼山、百蔵山《ももくらさん》、扇山、大菩薩嶺などを展望できて実に見事だ。また、下界に都留《つる》市や富士吉田市を従えた大きな富士山は、まるでジオラマのようで見ていて飽きない。さらには、平日ならば眼下にリニアモーターカーが走る、ここでしか拝めない構図である。

展望を堪能したら、北東側の登山道へ。右手に狼煙《のろし》台跡があり、その先でむすび山方面と中谷入・古宿方面の分岐となる。中谷入の方向へ急斜面を下ると再び分岐となるので、左の中谷・小形山方面へ。どんどん下ると四差路となり、ここから10分ほどでリニア見学センターに到着する。リニアの仕組みや実物大リニアなどの展示を楽しんだら帰路へ。大月駅までのバス便が多く出ているので利用するとよい。

［　マイカー情報　］

本コースでマイカーを利用する場合は大月駅周辺に多数あるコインパーキングが便利。リニア見学センターと近くの尾県郷土資料館の駐車場（無料）も利用できる。

都留市役所
☎0554-43-1111
山梨県立リニア見学センター
☎0554-45-8121

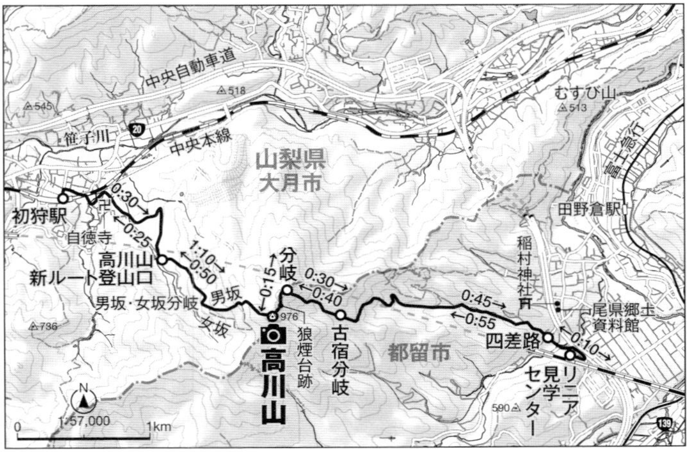

［参考コースタイム：3時間20分］

寿ぐ光

from
Ryuugatake

29

山梨県
本栖湖

竜《りゅう》ヶ《が》岳《たけ》

標高1485m

展望、広さ、明るさに優れ、居心地のよい山頂

本栖湖キャンプ場を抜けて登山口に向かう

山頂西側からは南アルプスの名だたる山が一望できる

石仏のある広場から目指す竜ヶ岳が目の前に

[往復]

富士急行線・河口湖駅
↕ バス約47分、1280円
富士急バス☎0555-72-6877
本栖湖バス停

寿ぐ光

年月 2019年1月撮影

機材 ニコンD810 | レンズ24-70 F2.8

設定 絞りF11 | 1/60秒 | ISO200 | 35mmで撮影

COMMENT

この作品はダイヤダイヤした秀作を狙って執念で撮影した一枚。私の持論は「夕日は柔らかな光、朝日は硬い光」。ダイヤモンドの光芒をしっかり表現するために絞りは絞っている。運よく裾野に雲がたなびいてくれた。

ADVICE

コースタイムは短く、登山道と道標はしっかり整備され、危険な箇所もない。初心者にも向くコースだ。ただし遮るものがないため、日差しが強い真夏はちょっとつらい。

抜群の展望を楽しみながら広くて明るい山頂へ

本栖湖《もとすこ》の南に位置し、「湖に棲む竜が村人に富士山の噴火を告げ、その後、この山へ登っていった」との伝説が残る竜ヶ岳。眺望がとてもよく、山梨百名山のひとつに選定されている。

バス停から湖岸に続く県道を進み、本栖湖キャンプ場に入り、登山道の道標に従ってキャンプ場を通り抜ける。車道を横切った先に車止めのゲートがあり、ここが登山道の入口だ。すぐに急斜面となり、木々の間からはときどき本栖湖が見える。ヒノキ林が雑木林に変わると傾斜が緩み、ベンチがある小ピークに到着。ここも富士山の展望がよい。

この先で樹林帯を抜けると、あたりはササで覆われて、見通しがよくなる。やがて石仏が佇む台地となり、あずまやが立つ。正面には山頂部の丸い山がそびえ、登高意欲をかきたてるだろう。

山頂へは急斜面をジグザグに登っていくのだが、富士山から続く朝霧高原の広がりや、西伊豆の海岸線と駿河湾の輝き、北側には青木ヶ原樹海と御坂《みさか》山塊が連なり、息が上がるのも気にならないほど眺望に恵まれた道だ。

やがて、本栖湖青少年スポーツセンターから登ってくる道を合わせると緩やかな尾根道となり、山頂へ。

山頂は刈り払われた平坦地で、とても広々としている。雄大な富士山だけでなく、南アルプスの連なる山々も一望できるのだ。

また、正月にはダイヤモンド富士を見られる山としても名高く、私もそれを狙って何度もチャレンジした。作品は、太陽の半分が富士山の真ん中に顔を出す日を厳密に計算して三脚を構え、執念で捉えたものだ。

下山は来た道を戻っていこう。山頂直下の分岐で左へ行くと、美しい広葉樹の中を進んでいくことになるが、展望は望めないので、ここでは往路を引き返すコースをおすすめしたい。

富士河口湖町役場☎0555-72-1111
身延町役場☎0556-42-2111

[　マイカー情報　]

本栖湖キャンプ場の入口手前に竜ヶ岳登山者専用の無料駐車場がある。100台駐車可能。

[参考コースタイム：4時間30分]

秋晴れに気高く 30

from
Nokogiriyama

30

東京都
奥多摩

鋸《のこぎり》山《やま》

標高 1109 m

急な岩壁に木の根がはうクサリ場は最大の難所

登山口から入るといきなり、気が遠くなりそうな長い急な階段が始まる

鋸山山頂は樹林に囲まれて展望はない

[行き]

JR青梅線・奥多摩駅

↓ 徒歩約5分

周辺案内図のある登山口

[帰り]

白倉バス停

↓ バス約28分、540円
西東京バス五日市営業所
☎042-596-1611

JR五日市線・武蔵五日市駅

秋晴れに気高く

年月 2009年11月撮影

機材 ニコンD300S ｜ レンズ28-300 F4.5

設定 絞りF8 ｜ 1/800秒 ｜ ISO400 ｜ 150㎜で撮影

COMMENT

この撮影ポイントは普通に歩いていると見逃してしまうかもしれない場所だ。奥多摩の紅葉は遅く、見頃の判断が難しいので情報収集をマメにするといいだろう。不安定な岩場での撮影となり、ブレ回避には三脚が必須。

ADVICE

鋸山へのクサリ場で恐怖心を感じたら、迷わず巻き道を選ぶように。鋸山の山頂は樹林に囲まれて展望はないが、複数のベンチがあるので休憩にちょうどよい。

ほぼ登り一辺倒の尾根道を楽しんで

奥多摩駅から大岳山に延びる鋸尾根は、岩場やクサリ場があり、歩きごたえのある道だ。この尾根の中ほどにあるピークが鋸山で、山頂の展望がないため、多くの人には大岳山への通過点に過ぎないようだ。しかし、鋸山から少し大岳山方向に進んだ地点で、私は作品の撮影に成功した。富士山に執着しているからこそ発見できた撮影ポイントを含め、登山コースを紹介しよう。

奥多摩駅の改札を出て左に進み、昭和橋を渡ると大きな周辺案内図があり、登山口へ至る。ほどなくして、長く急な石段が現われ、登り詰めると五重塔が立つ愛宕神社の境内に。ここが愛宕山。鳥居をくぐり、先を登ると小天狗・大天狗の石像が立つ。ここからは小さな岩場や鉄のハシゴを越えて進み、急なクサリ場を一気に通過して巻き道と合流すると、林の中を緩やかに登っていく。1047m地点の天地山三角点を通過し、御前山への道を分け、やや急な登りをこなすと鋸山の山頂だ。

このわずか先である。3分ほど行った先の樹林の切れ間から、富士山を望むことができたのだ。これまでの登りの疲れを吹き飛ばす眺めであった。秘密の絶景をじっくりと楽しみ、写真に収めるといいだろう。

この先でいったん下り、平らな尾根道をたどると馬頭刈《まずかり》尾根への道を分け、急斜面を登って大岳山の山頂へ。いくつもの尾根が重なる大展望を満喫した後、大岳神社を経て馬頭刈尾根を下る。白倉分岐で右に進むと急な下りとなるが、かつて大岳山の参道だっただけに、道はよく踏まれている。30分ほど下ると勾配が緩み、下りきって林道にぶつかったら横切って石段を下りていけば、白倉バス停に到着する。

奥多摩観光協会☎0428-83-2152

[参考コースタイム：6時間10分]

[　マイカー情報　]

入・下山口がかなり離れているためマイカー利用は不適。鋸山だけなら奥多摩駅近くの町営氷川有料駐車場を利用するとよい。1日700円。

31

霊峰のシルエットロマンス

from Komotsurushiyama

31

山梨県
道志村

菰《こも》釣《つるし》山《やま》

標高 1379 m

山頂からは愛鷹連山がよく見える

クサリがかかった林道ゲート。登山者はまたいで進む

山頂の絶景ポイントにはベンチが用意されている

避難小屋は朝夕の撮影ベースとしても活用可能だ

霊峰のシルエットロマンス

年月 1996年12月撮影

機材 ペンタックス6×7 ｜ レンズ105 F2.4

設定 絞りF22 ｜ 1/15秒 ｜ フジベルビア ISO50

COMMENT

予想以上の大雪で下山後に車を動かせず置いて帰ったという、苦い思い出のある作品。しかし、太陽が沈んだ後に空がオレンジ色に染まり、光芒が放たれ山中湖が輝いた夕焼けのドラマは、ハプニングを払拭する光景だった。

ADVICE

登山口までの林道歩きは、分岐がいくつもあるので道標を確認しながら進むこと。城ヶ尾峠からの下りは道が荒れていることもあるので、足元に気をつけて。

［ 往復 ］

富士急行線・富士山駅

↕ バス約1時間、1280円
富士急バス
☎0555-72-6877

中山バス停

※バスの本数が少ないので、マイカーか都留市駅からのタクシー利用が現実的。

静かな山頂で富士山をひとりじめ

天保12（1841）年の国境争いで甲斐の名主が山に菰を吊るして立て籠もったことから名がついたという菰釣山。西丹沢のひときわ奥まった山で、神奈川県山北町と山梨県道志村との境にある。ブナの木が多いことから山梨県側ではブナの丸とも呼ばれている。

訪れる人はあまり多くなく、山頂のそばにきれいな避難小屋があるため、撮影に没頭できる。実際、私も避難小屋を拠点にし、朝夕の富士山を狙った。

スタートは「道の駅どうし」。近くに富士山駅から出るバスの停留所があるが、本数が少ないのでマイカーの利用が現実的だ。道の駅から道志川を渡り、細い車道を進む。鳥ノ胸山《とんのむねやま》へ向かう道を左に分け、橋を渡ったら左折。道志の森キャンプ場の駐車場を通り、三差路を正面右側の道へ進み、沢沿いの西沢林道を歩く。やがて現われる道標どおりに橋を渡り、クサリゲートをまたいで進むと登り口がある。

ここから本格的な登山道で、傾斜もでてくる。木の橋で何度か沢を渡り、少し荒れた道を登っていくと尾根道に出る。ここが、ブナ乗越。名前のとおりブナに包まれ、新緑の時期は特に美しい。右に行くとすぐに菰釣山避難小屋があり、進行方向の左が神奈川県、右が山梨県となる県境の道をゆるやかに登っていくと30分ほどで菰釣山に到着だ。山頂は樹林が多いものの西側は開け、富士山や山中湖、南アルプスの南部を望むことができる。

下山はブナ乗越まで戻り、その先を直進して城ヶ尾山《じょうがおやま》へ。こちらの山頂は、残念ながらまったく展望がない。通過するとすぐに城ヶ尾峠となり、分岐がある。善之木方面を指す左方向へ下り、城ヶ尾峠入口の看板と水晶橋を通過。やがて、道志の森キャンプ場まで戻ってきたら、往路と同じ道をたどって道の駅へ。

［ マイカー情報 ］

マイカーは道の駅どうしに駐車する。ただし、長時間の駐車は遠慮したい。または、道志の森キャンプ場に1日500円で駐車可。

[参考コースタイム：5時間20分]

道志村役場 ☎0554-52-2111
富士急山梨ハイヤー都留市駅前営業所
☎0554-43-2800

静寂閑雅

from
Narakurayama

32

山梨県
大月市

奈《な》良《ら》倉《くら》山《やま》

標高1349m

松姫峠には立派なバイオトイレがある

鶴峠バス停のすぐ横に登山口がある

奥多摩、大月、上野原の各駅へバス便がある小菅の湯

広いが、南西面以外は樹林に囲まれた奈良倉山の山頂

[行き]

JR中央本線・上野原駅

↓ バス約1時間7分、1040円
富士急バス上野原営業所
☎0554-63-1260

鶴峠バス停

[帰り]

小菅の湯バス停

↓ バス約56分、980円
西東京バス☎0428-83-2126

JR青梅線・奥多摩駅

※鶴峠行きのバスは土・日・祝のみ運行。小菅の湯からは最短時間の奥多摩駅のほか、大月駅と上野原駅行きのバスもある。

静寂閑雅

(年月) 2018年4月撮影

(機材) ニコンD810 | レンズ150-600 F5.6

(設定) 絞りF11 | 4秒 | ISO3200 | 150㎜で撮影

COMMENT

山頂に着き、富士山が薄いので落胆したが、もしやこれは、他とは異質で新鮮な作品になるか？とも考えた。撮影後のレタッチスキルも問われる。かすかに光る街並みがアクセントになり、モノトーン調の渋めの富士となった。

ADVICE

大マテイ山周辺の広い尾根道と、モロクボ平から先の倒木が多い道は進む方向がわかりにくいこともある。落ち着いて進み、もし迷ったらわかるところまで引き返すように。

登山口からわずかな歩きで眺められる秀麗富士

大菩薩主稜線から東に延びる長大な尾根、牛ノ寝通りの東端にあるのが奈良倉山。山頂から富士吉田市の街越しに富士山を望める山だ。

上野原駅からバスに乗り、鶴峠で下車。バス停前に奈良倉山登山口がある。よく整備された登山道を緩やかに登っていくと、1時間ほどであっけなく山頂に到着する。山頂は広いが樹林に囲まれており、南西方向だけ木が伐採されている。そこに「富士山展望所」と、味のある手書き看板がある。さすが秀麗富嶽十二景の一座である。

展望を楽しみ、満足な撮影ができたら鶴根山《つるねやま》へ足を延ばし、日帰り温泉施設「小菅の湯」に下りるコースをたどってみてはどうだろう。

山頂から松姫峠への道標を頼りに下ると、途中から林道と山道の歩道が並行する。ここはやはり歩道を選んで進むとやがて車道に出て、バス停、駐車場、トイレがある松姫峠に着く。トイレ横の大菩薩峠登山口の道標から広葉樹の林へ進み、ニリンソウコースとの分岐を過ぎて十数分登れば鶴根山に到着だ。この山頂も樹林で覆われているが南側が開け、富士山を望むことができる。この先で「巨樹の道」と「日向みち」に分かれるので、ブナやミズナラの巨木に出会える巨樹の道を選んで進み、小菅の湯への近道をやりすごしたら、大マテイ山に到着。

このあたりは落ち葉で道が隠れることもあるが、赤布を目印に下り、すぐに大ダワ（棚倉小屋）を示す道標があるので、そちらへ。棚倉とも呼ばれる、前方が開けた大ダワで最後の展望を楽しんだら、小菅の湯に向かって下山しよう。秋なら紅葉が美しい斜面をひたすら下り、モロクボ平の分岐を右へ。つづら折りに下り、田元への分岐を左に分けて薄暗い樹林帯を進めば、小菅の湯に到着する。

［ マイカー情報 ］

入・下山口が違うのでマイカーは不適。途中の松姫峠では路肩に8台ほど駐車可（無料）。

大月市産業観光課
☎0554-20-1829
小菅村役場
☎0428-87-0111
小菅の湯☎0428-87-0888

［参考コースタイム：5時間5分］

稜線から覗かせて

33

from
Yaeyama

33

山梨県
上野原市

八《や》重《え》山《やま》

標高 531m

八重山展望台からは富士山を見ながらの稜線歩きとなる

展望台からは360度のパノラマが広がる

上野原中学校前の左の坂道を上がれば登山口だ

ハイキングコースは道標がしっかりあるので安心だ

ウッドデッキのモダンなつくりの八重山展望台

[　行き　]

JR中央本線・上野原駅

バス約14分、220円
富士急バス上野原営業所
☎0554-63-1260

大堀バス停

[　帰り　]

新井バス停

バス約15分、270円
富士急バス上野原営業所
☎0554-63-1260

JR中央本線・上野原駅

稜線から覗かせて

年月　2016年2月撮影

機材　ニコンD810 ｜ レンズ28-300　F4.5

設定　絞りF11 ｜ 1/180秒 ｜ ISO400 ｜ 135mmで撮影

COMMENT

降雪直後、明け方はガスって真っ白だったが次第に晴れ、シャッターを切り続けていると雲間から住宅地が覗き、山の大きさを表現できた。ありふれた富士山が対象でも、ちょっとした留意で作品の質を上げられる好例である。

ADVICE

八重山は道がよく整備され、コースタイムも短く、手軽に登れる山だ。家族連れにもよく出会う。四季折々に彩りがあり、もっと撮られていいフィールドである。

手軽な里山歩きで楽しむ 八重山五感の森

八重山は隣の能岳《のうだけ》とともに上野原市の里山で、地域の人々から愛されている山だ。山林を寄贈した水越八重さんにちなんで命名され、一帯は「八重山五感の森」として整備されている。

バス停すぐ先の信号を右折し、上野原中学校を左に行くと駐車場とトイレがある登山口だ。スギ林を登り、次第に傾斜が増していくと分岐が現われる。どちらを選んでも合流するのでここは左の「視覚の森コース」へ進もう。やがてベンチがある三差路に至るので真ん中のコースを進み、再び分岐になったら右側に進むと展望台に到着する。コース中、ここがいちばん展望がよい。張り出したテラスから富士山をはじめ、三ツ峠方面、陣馬山、石老山《せきろうさん》、道志、丹沢の山々が見渡せる。

展望台のすぐ先に「五感の森の鐘」があり、道なりに進めば「八重山の碑」が立っている。左からの道を合わせて長い階段を登れば八重山山頂だ。春ならサクラやツツジが美しい。

山頂を後にして緩やかに下り、小さな石仏が祀られた分岐を過ぎ、少し急な登りを越えると能岳に到着。展望はあまりないが、晴れていれば富士山が見える方向だけ伐採されている。

ここから先、急な斜面を下ると分岐となり、虎丸山《とらまるやま》へのコースを左に見送り、ゴルフ場脇の明るい尾根を進む。大きくUターンするように下り、スギの植林帯を進んでいくと、まもなく車道に飛び出す。ここを左に進めばゴールの新井バス停だ。なお、車道に出たら右に進み、棡原《ゆずりはら》橋を渡り、中見山トンネルを抜けると聖武連山《しょうむれやま》の東登山口へ着く。P116のガイドを参照いただき、併せて登れば充実の山歩きとなるだろう。

[参考コースタイム：2時間55分]

[　マイカー情報　]

登山口に10台分の無料駐車場がある。ただし、コースの終点からは30分ほど歩くことになる。

上野原市観光協会☎0554-62-3150

月明に照らされて

from
Kentokusan

34

山梨県
山梨市

乾《けん》徳《とく》山《さん》

標高 2031m

乾徳山登山の醍醐味であるスリリングなクサリ場

大平高原の駐車場から45分ほど歩いたところにある登山口

2014年12月に改修された避難小屋の高原ヒュッテ

[往復]

JR中央本線・塩山駅

↕ バス約32分、660円
山梨交通☎0553-33-3141

乾徳山登山口バス停

月明に照らされて

年月 2018年4月撮影

機材 ニコンD810 | レンズ17-35 F2.8

設定 絞りF5.6 | 30秒 | ISO800 | 28mmで撮影

COMMENT

乾徳山の荒々しさをテーマにするなら山頂直下の岩稜帯だ。一晩中撮影するので満月の日を選び、狙いの岩塊をどう絡めるかを明るいうちに決めておいた。登山者が下山したらツエルトを張り、翌朝まで撮影を楽しんだ。

ADVICE

扇平から山頂まではクサリやロープのある岩稜帯が続くので細心の注意が必要。山頂に立つだけなら高原ヒュッテ側から回り込む、岩稜帯を通らないルートもある。

満月の寂光に照らされ岩塊映える

乾徳山は武田信玄にゆかりのある甲州市恵林寺の山号が山名になった山である。標高は２０３１ｍでロープやハシゴ、クサリ場が連続する岩場の山として名高い。中腹の扇平《おうぎっぴら》には月見岩がポツンと置かれた草原が広がる一方、山頂一帯はスリリングな登りの岩稜帯という、２面性を持っているのが特徴である。

甲州市の街並み上に富士山がぽっかりと浮かぶ絵柄は人気が高く、四季を通じて多くの登山者が訪れる。

登山ルートは、徳和の乾徳山登山口から銀晶水、錦晶水、四辻を経て山頂へ。水のタルを経由し、道満尾根で下る。また、富士山の撮影だけが目的なら時間短縮で、マイカーやタクシーで大平高原まで入るのもよいだろう。登山者専用の有料駐車場がある。

コース上、迷うところはないが、扇平から先は険しいので注意を。特に山頂に近づくにつれてクサリ場が多くなり、場所によっては足がすくみ身震いするだろう。

狭い山頂からは、富士山をはじめ、奥秩父の主稜線を望むことができ、展望が広がっている。

私は、乾徳山の岩稜帯の荒々しさを前景にして作画した。

もしも歩きに自信がなかったら、山頂ではなく扇平でカメラを構えたほうがよいだろう。

国師ヶ原《こくしがはら》に立つ避難小屋の高原ヒュッテに泊まり、扇平で朝夕のショットを狙う手もある。その際はシュラフなどそれなりの装備をお忘れなく。

低山とはいえ２０００ｍ級の山である。ロープやクサリ場が多いので、スニーカーなどの軽装で安易に登るのは慎みたい。

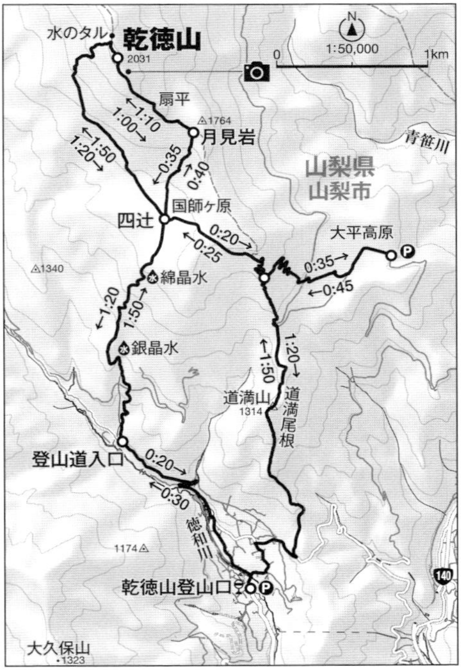

[参考コースタイム：7時間10分]

甲州市役所☎0553-32-2111
山梨市役所三富支所☎0553-39-2121
塩山タクシー☎0553-32-3200

[マイカー情報]

登山口に15台分の無料駐車場がある。また、大平高原にある大平荘には30台分の有料駐車場がある。1日800円。

35

春の調べ

from Oonoyama

35

神奈川県
丹沢山塊

大《おお》野《の》山《やま》

標高 723 m

山頂直下のイヌクビリには広い駐車スペースがある

丹沢湖を間近に、丹沢山塊の主稜線を一望する山頂

国道に出ると大野山入口バス停がある。疲れたら山北駅まで利用できる

西側斜面は牧草地で、その向こうには箱根連山が

[行き]

JR御殿場線・谷峨駅

↓徒歩約35分

民家脇の登山口

[帰り]

大野山入口バス停

↓徒歩約15分

JR御殿場線・山北駅

※大野山入口バス停から山北駅まで1日に6～10本が運行されている。

春の調べ

年月 2018年4月撮影

機材 ニコンD810 ｜ レンズ24-70 F2.8

設定 絞りF11 ｜ 1/125秒 ｜ ISO200 ｜ 58mmで撮影

COMMENT

サクラの満開時期の判断は難しい。この作品は、地元の広報関係ではサクラの開花は終わったと言われていたが、満開をとらえることができたのだ。秘訣は標高差。山頂直下まではすでに葉桜だったが、山頂はベストな状態だった。

ADVICE

コース中、道標や看板が随所にあるので安心だ。下山時、国道に出たら山北駅までバスが利用できる。山北駅前には日帰り温泉施設「さくらの湯」があって便利。

サクラの季節に訪れたい開放感バツグンの山

大野山は丹沢湖の南に位置し、富士山を仰ぎ見る景勝地。山頂一帯は牧場になっており、草原に寝そべるのも気持ちがよい。道中や山頂にサクラの木が多いので開花期はいっそう楽しい。

無人駅の谷峨《やが》駅からスタートする。駅を出て右に行き、「大野山ハイキングコース」の看板どおりに御殿場線の線路を越えて国道をくぐり、右に見える吊り橋を目指す。吊り橋を渡ったらジグザグに登っていき、民家の横に設置されたハイキングコースの看板を目印に左折。ここが登山口で徐々に高度を上げていく。やがて正面に階段が現われ、その先には山北町の天然記念物に指定されている「都夫良野《つぶらの》頼朝桜《よりともざくら》」があり、たくさんの花が目を和ませる。

続いて現われるトイレの右脇を登り、いったん車道を横切って登山道を進むとあずまやがあり、野菜やジャムなどがよく無人販売されている。興味津々に物色した後、先へ進むと獣よけの柵があり、扉を開けて進めば一気に視界が開けて気分も爽快に。開放的な道をぐんぐんと進んでいくと、広々とした山頂に到着。牧歌的な雰囲気が漂い、西丹沢の山並みや丹沢湖、相模湾が眺められる。作品のオオシマザクラとは山頂で会える。青空に映えるサクラと雪をまとった富士山は、定番だが日本の癒やしの光景だ。のんびりと景色と雰囲気を楽しんだら、山北駅へと向かおう。「地蔵岩コース」の道標どおりに舗装された道を歩き、やや急で長い階段を下り、細い山道をさらに下っていく。お地蔵さんに出あうと、そのすぐ先が山北駅からの登山口。この後はずっと車道歩きで、旧共和小学校を左手に見ながら進み、東名高速の陸橋の下を歩き、国道に出たら左折。大野山入口バス停をやり過ごし、線路沿いの桜並木をゆるゆると歩いて行けば山北駅へ到着する。

［　マイカー情報　］

駅から駅まで歩けるコースなのでマイカーは必要ないが、山頂直下のイヌクビリに60台停められる駐車場がある（無料）。

［参考コースタイム：4時間10分］

山北町役場☎0465-75-1122
富士急湘南バス
☎0465-82-1361
健康福祉センターさくらの湯
☎0465-75-0819

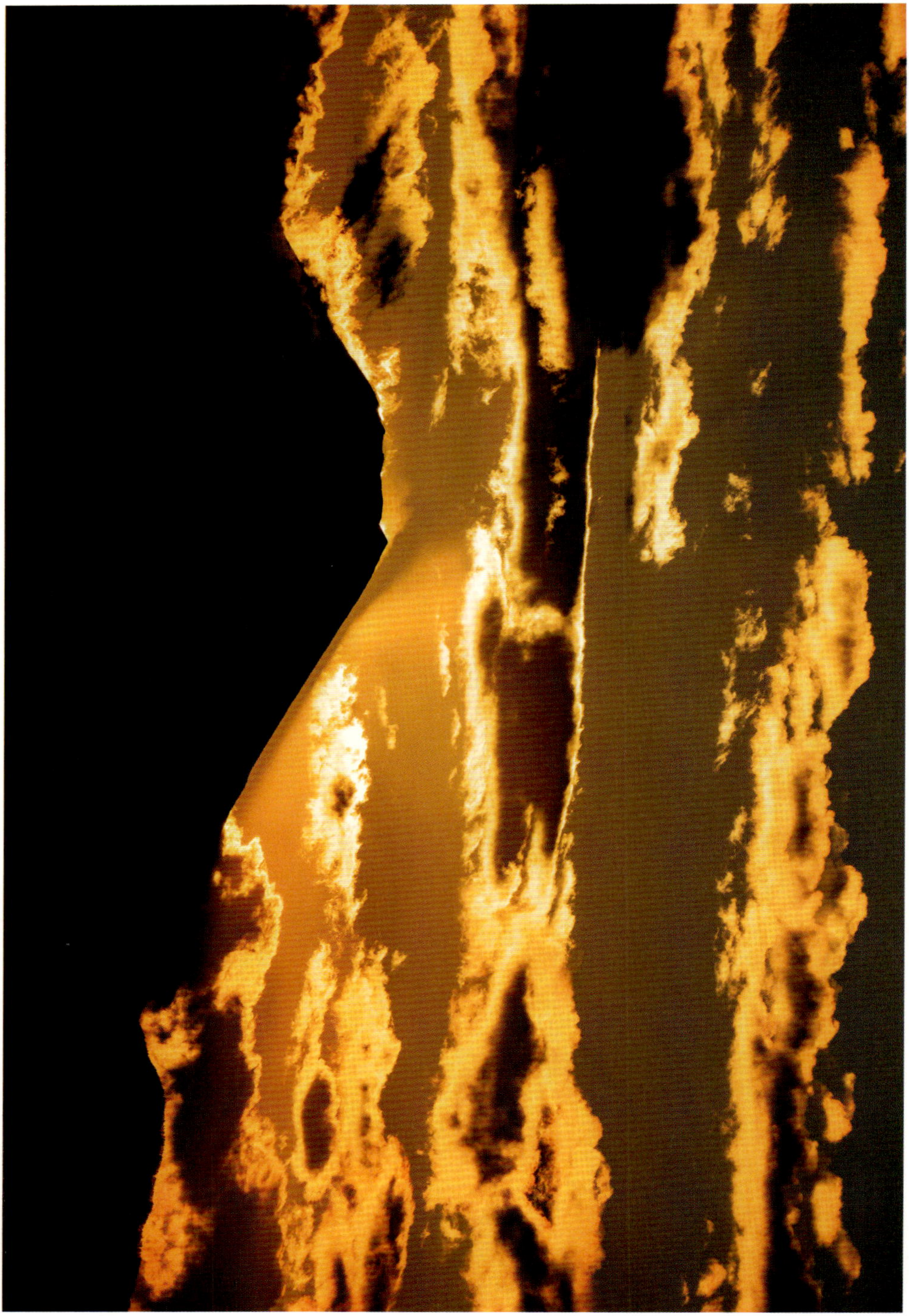

36 ゴールドスカイ&歓喜の観衆

from
Takaosan

東京都
高尾

高《たか》尾《お》山《さん》

標高 599 m

細長く広い山頂。山頂道標も立派だ

高尾山のスギ並木にちなんだ、和風の高尾山口駅

高尾山ケーブルカーは日本一の急勾配を誇る

大見晴園地からは富士山や丹沢の山々を見渡せる

[行き]

京王線・高尾山口駅

↓ 徒歩約5分

稲荷山コース入口

[帰り]

ケーブルカー高尾山駅

↓ ケーブルカー約6分、480円
高尾登山電鉄☎042-661-4151

ケーブルカー清滝駅

↓ 徒歩約5分

京王線・高尾山口駅

ゴールドスカイ&歓喜の観衆

年月 2018年12月撮影
機材 ニコンD810
レンズ150-600　F5.6
設定 絞りF11 ｜ 1/8000秒
ISO400 ｜ 280㎜で撮影

年月 2018年12月撮影
機材 ニコンD300S
レンズ17-105　F3.5
設定 絞りF11 ｜ 1/500秒
ISO800 ｜ 18㎜で撮影

COMMENT

本作品はダイヤモンド富士の後のドラマ。これからおもしろくなるぞ！と心で叫び落日を待つと空が黄金色に輝いた。また、山頂の人、人、人こそ、この山ならではの絶景ではなかろうか。

ADVICE

コース中、木の根が露出したり、泥土で滑りやすい箇所があるので注意が必要。最後の階段の登りは長く、気が遠くなりそうだが焦らずに。

日本一の人気の山で自然のイベントを堪能する

毎年、撮影に出向くのが、冬至の頃に見られる高尾山のダイヤモンド富士である。知名度が高く、この期間だけケーブルカーも運行時間を延長するほどだ。登山者、カメラマン、観光客が入り交じり、ものすごい人出となる。

高尾山の山頂に至るコースは実に多彩で、ケーブルカーを使うコースのほか、6本の自然研究路を行くコース、いろはの森コース、蛇滝《じゃたき》コースなど、どれを選ぶか迷うほどだ。ここでは、高尾山口駅から出発でき、最も登山らしい山歩きができる稲荷山コースを紹介しよう。

駅から右に進み、ケーブルカーの駅舎に向かって左手に「稲荷山コース」と書かれた道標があり、ここが登山口。小さな沢に架かる石橋を渡ると木の階段が現われ、だんだん高度を上げていく。赤い鳥居と狐像が立つ旭稲荷神社を過ぎると幅が広い尾根道となる。木の根や岩が露出しているので、つまずかないように気をつけたい。やがて再び木の階段道になり、巻き道を左に分けて直進すれば稲荷山の展望台。東側が大きく開け、八王子市街と横浜方面が広く望める。

展望台から少し下ると先ほど分かれた巻き道と合流し、緩やかな登りとなる。ベンチのある小スペースを過ぎ、6号路への分岐を見送り、山肌を回り込むように進むと「山頂周回コース案内」の看板がある広場に出る。左は5号路、右は1号路で、直進する階段が山頂だ。２３０段ほどある長い階段だが慌てずに登りきれば、大見晴園地の展望台に出る。右手に富士山がお目見えだ。山頂はここから少し右手に行ったところで、立派な看板がある。

ダイヤモンド富士を撮影したら、4号路か3号路を道標に従って進み、ケーブルカーで降りてしまうといいだろう。山の人気をうまく利用したい。

[マイカー情報]

高尾山口駅の駅前に市営と京王の有料駐車場がある。駐車可能台数はあわせて160台。

八王子市役所観光課
☎042-620-7378
高尾ビジターセンター
☎042-664-7872

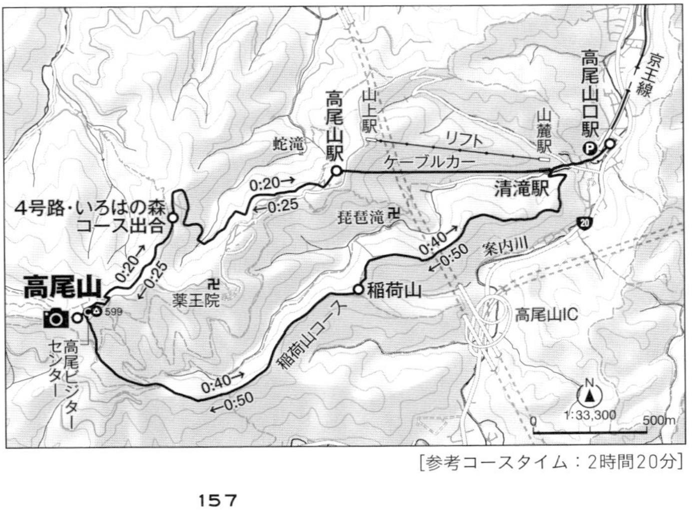

[参考コースタイム：2時間20分]

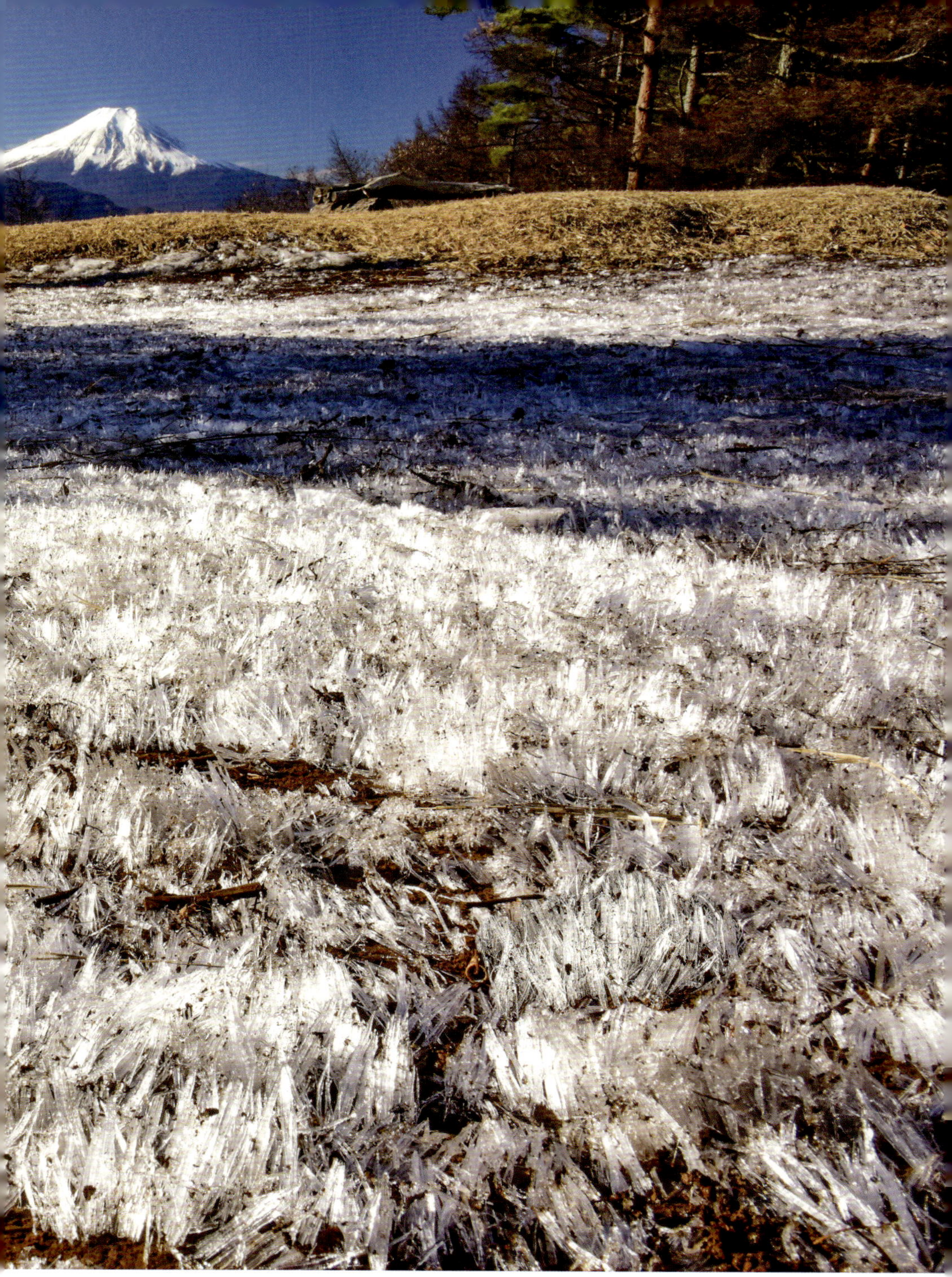

躍る霜柱の輝き

from
Ougiyama

37

山梨県
大月市・上野原市

扇《おうぎ》山《やま》

標高 1138 m

水場のすぐ上には、山ノ神の小さな祠が置かれていた

登山口の梨ノ木平は広場状で、トイレもある

空気が澄めば山頂から東京副都心のビル群も見える

大月カントリークラブの入口手前にある駐車場

[行き]

JR中央本線・鳥沢駅
↓ ハイキングバス約15分、300円
富士急バス大月営業所
☎0554-22-6600
梨ノ木平扇山登山口バス停

[帰り]

犬目バス停
↓ バス約23分、410円
富士急バス上野原営業所
☎0554-63-1260
JR中央本線・四方津駅

※行きのハイキングバスは4〜7月、9月〜12月中旬の土・休日運行。朝9時発の1本のみ。また、帰りの犬目発のバスも夕方の1本のみなので、運行時間に注意を。

躍る霜柱の輝き

年月 2015年11月撮影
機材 ニコンD810 | レンズ17-35 F2.8
設定 絞りF22 | 1/50秒 | ISO800 | 28㎜で撮影

COMMENT

初冬の早朝、予想外に大自然のアートに出会うことができた。霜柱の命は十数分、気温が上がればたちまち消えてしまう。霜柱の立ち上がりを見せるために、地べたに腹這いになり、ローアングルで狙った。

ADVICE

梨ノ木平へのバスは1本のみで朝9時発なので、霜柱を狙うにはちょっと遅い。しかも冬は運休。帰りのバスも1本のみなので、間に合わなければ梁川駅か四方津駅まで歩く。

冷え込んだ朝に出逢った霜柱の海

11月に、カラマツの黄葉と富士山を絡めた作品を撮りに扇山に出かけた。大きく扇を広げたような山容をみせ、中央沿線の山の中で人気の高さは一、二を争う。大月市の「秀麗富嶽十二景」に選ばれているように、山頂からの富士山が美しい山である。

最寄り駅はJR中央本線鳥沢駅。登山口の梨ノ木平へはバスが便利だが、運行期間と時間が限られるため、合わなければ歩きかタクシーで向かう。

梨ノ木平には管理棟が立ち、ベンチ、トイレ、水道などが設けられている。今日はどんな富士に出会えるのかと、わくわくしながら準備を整え、出発しよう。登山道に入り、高度を上げていくと沢が近づいてきて、30分ほどで水場に着く。水量豊富でおいしい水である。

さらに登っていくと水呑杉があり、植林帯を抜けるとベンチがあるツツジ新道の分岐に出る。このあたりからも富士山が見えるので撮りたくなるだろう。分岐を見送り、急な斜面をつづら折りで登って行けば、大久保山のコルと呼ばれている稜線に出る。右の尾根を登っていけば扇山の山頂に到着だ。

山頂に着いて驚いた。一瞬、雪が降ったのかと思うほど、一帯がまっ白になっていたのだ。急激な冷え込みで生まれた霜柱だった。神秘的な光景にしばし茫然としたが、すぐに狙いを紅葉から霜柱に変えて無我夢中でシャッターを切った。

ちなみに、紹介が後になったが、東西に広い山頂は眺望がよく、富士山をはじめ丹沢の山々が見渡せる。秋なら色づいたカラマツと富士山が絵になるはずだ。

下山コースは複数あるが、バス停がある犬目《いぬめ》に下るのが一般的。山頂を後にし、犬目丸分岐を右へ進む。バスに乗り、四方津《しおつ》駅へ行くことができる。

[　マイカー情報　]

梨ノ木平の近くにある大月カントリークラブの入口手前の右カーブ付近に約6台駐車可能なスペースがある。無料。

[参考コースタイム：2時間45分]

大月市産業観光課☎0554-20-1829
大月タクシー☎0554-22-2221

寸光射す

38

from
Oosawayama

38

東京都・山梨県
奥多摩

大《おお》沢《さわ》山《やま》

標高 1482 m

広い三頭山西峰の山頂は多くの登山者で賑わう

大沢山山頂は狭いが一部で展望が開け、休憩にはもってこい

歩きやすい遊歩道の先で眺められる三頭ノ大滝

登山口となる都民の森の広い駐車場。バス停もここにある

山頂直下に立つ、きれいな三頭山避難小屋

[往復]

JR五日市線・武蔵五日市駅

↕ バス約1時間8分、940円
西東京バス五日市営業所
☎042-596-1611

都民の森バス停

武蔵五日市駅から急行・都民の森行きのバスが1日2本ある。急行以外なら武蔵五日市駅から数馬行きのバスに乗り、終点で都民の森行きの無料連絡バスに乗車を。ただし、急行および連絡バスは季節運行のため注意を。

寸光射す

年月 2018年12月撮影

機材 ニコンD810 | レンズ150-600 F5.6

設定 絞りF11 | 1/500秒 | ISO400 | 550㎜で撮影

COMMENT

朝焼けの富士山が撮りたくて暗い中を登ったが、稜線に出ると高曇り。しばらく粘ったがよくならず、撤収しようと思ったとき、狭いが青空域が移動してきたのだ。チャンスはわずか20分。一瞬だけ富士山が微笑んでくれた。

ADVICE

道はよく整備され、道標が随所にあるので迷うことはない。都民の森は、レストラン、ビジターセンター、木工センターなど、楽しい施設が多いので立ち寄ってみるといい。

三頭山の混雑を避け
尾根づたいの山で大休止

大沢山は東京都と山梨県の県境に位置し、奥多摩三山のひとつである三頭《みとう》山《さん》から続く笹尾根にある。大沢山からも三頭山からも富士山を眺めることができるが、三頭山は人気の山でいつも賑わっているので、じっくり撮影するには大沢山のほうがおすすめだ。

都民の森の入口から広い道と階段を登ってビジターセンターがある森林館へ。森林館の横から三頭ノ大滝への道標に従って遊歩道を進む。ヒノキのチップが敷かれた道はふわふわとして足にやさしい。20分ほどで現われる三頭ノ大滝は落差33m。水しぶきを上げる滝の全容を吊り橋から眺められる。

この先はヒノキのチップがなくなり、すぐに、右は「ブナの路」、左は「石山・深山の路」と書かれた分岐となる。左へ進み、やや急な道や大小の岩がある道を進んでいくと、やがてブナやイヌブナが多い広葉樹林帯となり、いちだんと急な坂を登り切れば尾根道に上がる。ここからは左手に富士山を見ながら歩くようになり、足取りも軽くなるだろう。ほどなくして南西の展望が開けた大沢山の山頂に到着。私はここで朝焼けの富士山を狙った。雲が多く、諦めかけたそのとき、わずかに一瞬、青空がやってきたのだった。

さて、山頂を後にしたら、三頭山にも寄っていこう。そのまま直進し、5分ほどで避難小屋があるムシカリ峠に着き、ブナの路と合流する。この先、まっすぐで急な階段を登れば三頭山西峰に到着。三頭の名のとおり、西峰、中央峰、東峰の3つの頂があるのだが、メインはこの西峰だ。ここを鞘口峠《さいぐちとうげ》方面の道標に従って右へ行くと、続いて中央峰となる。東峰からは急な下りが続き、見事なブナ林の中を進んでいくと見晴小屋を通過し、鞘口峠に到着。奥多摩湖、月夜見山《つきよみやま》への道を分けて斜面を下り、森林館の前に出る。

[マイカー情報]

奥多摩周遊道路で着く都民の森に80台の駐車場がある（無料）。

檜原村観光協会
☎042-598-0069
都民の森
☎042-598-6006

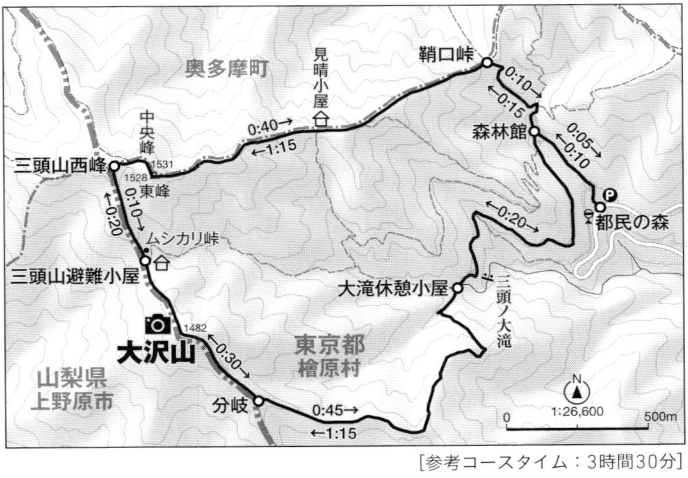

[参考コースタイム：3時間30分]

秋彩の艶麗に酔いしれて

from
Settougatake

山梨県
西湖

雪《せっ》頭《とう》ヶ《が》岳《たけ》

標高1710m

眺望最高と書かれた雪頭ヶ岳の山頂道標が珍しい

バス停から30分ほどのところに大きな堰堤がある

マイカー利用なら湖畔にある広い駐車場を利用

雪頭ヶ岳一帯は、眼下に西湖が見える草原状

[行き]

富士急行線・河口湖駅

↓ 西湖周遊バス約37分、700円
富士急バス☎0555-72-6877

根場民宿バス停

[帰り]

西湖いやしの里根場バス停

↓ 西湖周遊バス約35分、630円
富士急バス☎0555-72-6877

富士急行線・河口湖駅

※行きも帰りも、近くに路線バスの停留所もあるが、周遊バスのほうが本数が多く便利。

秋彩の艶麗に酔いしれて

(年月) 2011年10月撮影

(機材) ニコンD300S | レンズ17-35 F2.8

(設定) 絞りF11 | 1/250秒 | ISO200 | 18㎜で撮影

COMMENT

3週連続で鬼ヶ岳に登ったとき、雪頭ヶ岳の灌木が紅葉のピークを迎え、美しい茜色と、雲間に浮かぶ富士山が絶妙にマッチングしていた。欲を言えば富士山に雪が欲しかったが、秋をビジュアル的に写し取った作品である。

ADVICE

雪頭ヶ岳までは急登が続き、さらにその先の鬼ヶ岳へはハシゴもあり、中級以上の登山道と言える。ペース配分に気をつけて登りたい。道標は随所にある。

急登に次ぐ急登の先に広がる絶景草原

西湖《さいこ》に面した稜線はなかなか険しく、その中核ともいえる山に鬼ヶ岳《おにがたけ》がある。金山や王岳からの縦走コースとして通る人が多いが、あえて西湖西岸の登山口から鬼ヶ岳を目指して登っていくと、鬼ヶ岳の少し手前に、遮るものが何もない富士山を望む草原が広がる。ここが雪頭ヶ岳である。

湖畔にある魚眠荘《ぎょみんそう》の脇を入っていき、東入川を渡ったところで川に沿う道に右折。やがて大きな堰堤の前に出て、左側に入ると階段状の登山道となる。ヒノキの林やカラマツの植林の中をひたすら登り続け、「ブナ原生林」と書かれた標識からは急な登りとなるので気を引き締めていこう。固定ロープが張られた場所を通過しながら、しばらく急登を続けると、一気に視界が開けて、気持ちのよい草原の雪頭ヶ岳に到着だ。

西湖を従えた大きな富士山がそびえ、左手には山中湖や河口湖、目の前には足和田山の山並みが見える。初夏から秋にかけて季節の花々に彩られる草原は広く、休憩にはもってこいの場所である。

休憩後は、ここまで来たなら鬼ヶ岳まで足を延ばしたいもの。双耳峰のように並ぶほど距離は近いが、実はコース中、最も険しい箇所なのだ。固定ロープやアルミのハシゴがあり、スリル満点の道を慎重に進む。5分ほどで鬼の角のような岩が一本突き立っている山頂に到着する。

この先は明るい稜線をたどり、小さな岩場を通過し、鍵掛峠に到着したら根場方面の道標に従って左へ。樹林帯を下っていくと、茅葺き屋根の建物が並ぶ「西湖いやしの里 根場」に到着。ここからバスに乗車できる。

富士河口湖町役場☎0555-72-1111
フガクタクシー☎0555-22-3132

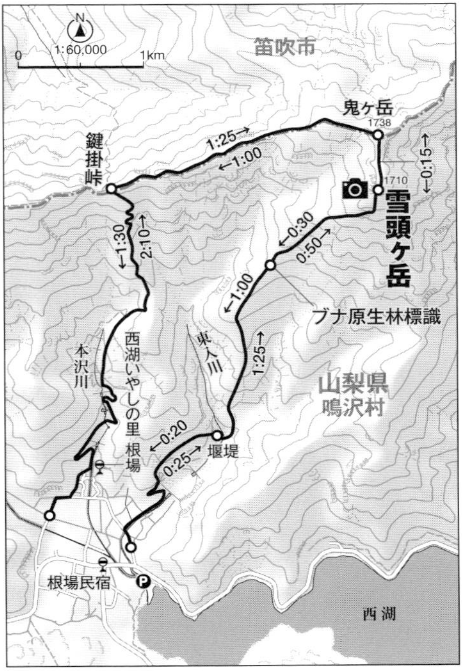

[参考コースタイム：5時間25分]

［ マイカー情報 ］

西湖の湖畔に30台駐車可能な西湖根場浜駐車場があるほか、いやしの里にも100台駐車可能な登山者用駐車場がある。いずれも無料。

競いあう彩り

from
Hinokiboramaru

40

神奈川県
丹沢山塊

檜《ひのき》洞《ぼら》丸《まる》

標高 1601 m

檜洞丸山頂付近から見た奥丹沢の主稜線

山頂直下に立つ青ヶ岳山荘はロケーションが抜群

矢駄尾根はブナ林が美しい

小屋前からは相模湾の大海原と大島が見える

[往復]

小田急小田原線・新松田駅

↕ バス約1時間10分、1180円
富士急湘南バス☎0465-82-1361

西丹沢ビジターセンターバス停

競いあう彩り

年月 2018年5月撮影

機材 ニコンD810 | レンズ24-75 F2.8

設定 絞りF16 | 1/250秒 | ISO400 | 28㎜で撮影

COMMENT

例年はピンク色のトウゴクミツバツツジが咲いた後に白色のシロヤシオが咲くのだが、この年は8年ぶりに同時に咲いた。何年も通い続けると、こういった自然の不思議な現象に出会えるのがおもしろい。

ADVICE

毎年、花のつき方が違うため、撮影が目的なら事前の情報収集は必須。西丹沢ビジターセンターへ問い合わせを。開花期は駐車場がすぐに満車になるので注意。

丹沢エリア随一の
ツツジの群生を愛でる

丹沢山塊の西部に位置し、独立峰的な存在感を放っている山が檜洞丸。

丹沢というと、一般的には大山《おおやま》や塔ノ岳が有名だが、檜洞丸はツツジが美しい山として名高く、5月中旬から下旬にかけての開花時期には多くの登山者で賑わう。

路線バスで西丹沢ビジターセンターに到着したら、登山届を提出しがてらツツジの開花状況や登山道の最新情報などを確認し、出発しよう。

林道を10分ほど登っていくと、登山口となるツツジ新道入口がある。樹林帯の中、緩やかな道を登ること1時間でゴーラ沢出合となるので川を渡り、対岸へ。クサリ場を通過し、展望園地に到着すると、雄大な富士山が見え、気分が高まることだろう。

その先、左右のツツジに励まされながらハシゴや岩場を慎重に登り詰め、石棚山稜分岐《いしだなさんりょう》の道標を目印に左の木道を進めば、青ヶ岳山荘が立つ山頂に到着だ。ちなみに、檜洞丸は津久井方面からは青ヶ岳と呼ばれている。

山頂からの展望は素晴らしく、富士山はもとより、丹沢の主稜線を一望でき、さらには相模湾や大島までをも見渡せる。山荘の前にベンチがあるので、ツツジに囲まれながらお弁当を広げるのにもってこいのロケーションだ。

できればこの山荘に泊まり、朝夕の富士山を狙ってほしい。夜には横浜方面のきらびやかな夜景を見下ろすこともできる。日帰りの場合は来た道を戻って下山するのがいいだろう。

また、マイカー利用なら神ノ川ヒュッテの有料駐車場に車を置き、矢駄尾根を登るコースもおすすめ。5月下旬なら、みずみずしいブナの新緑の中を登って、山頂でツツジと出会う、盛りだくさんの山登りとなるからだ。ただし、矢駄《やた》尾根の終盤は急登が続くのでご注意を。

[マイカー情報]

西丹沢ビジターセンターに無料で10台駐車可能。

山北町役場
☎0465-75-1122
西丹沢ビジターセンター
☎0465-78-3940

[参考コースタイム：6時間5分]

夕映えに染まる

from
Darumayama

41

静岡県
伊豆半島

達《だる》磨《ま》山《やま》

標高 982 m

金冠山は特に北面の展望が素晴らしい

達磨山の山頂からは天城連山が見渡せる

カフェとトイレがある、だるま山高原レストハウス

眼下に戸田港がジオラマのように見える達磨山山頂

[行き]

伊豆箱根鉄道・修善寺駅

バス約26分、810円
新東海バス修善寺駅前案内所
☎0558-72-5990

大曲茶屋バス停

[帰り]

だるま山高原レストハウスバス停

バス約27分、670円
新東海バス修善寺駅前案内所
☎0558-72-5990

伊豆箱根鉄道・修善寺駅

夕映えに染まる

年月 2019年3月撮影

機材 ニコンD810 | レンズ28-300 F4.5

設定 絞りF11 | 1/30秒 | ISO400 | 105mmで撮影

COMMENT

夕方から日没までで西伊豆スカイラインを走る車の光跡と富士を組み合わせるつもりだったが、まったく車が来ないので急遽、夕焼け狙いに変更した。浮かぶ雲がもう少し下ならなおよかったが、意外と新鮮な秀作になった。

ADVICE

交通量はさほど多くはないが、車道である西伊豆スカイラインをたびたび通るので、十分に気をつけて。標高は低いが、夏でも海からの風が吹きつけ、暑さをしのげる。

気持ちのいい空中散歩で大展望へ

天城峠《あまぎとうげ》から延びる伊豆山稜線歩道の西端に位置する達磨山。360度の眺望が広がり、真っ青な駿河湾を前にした富士山を眺められる。戸田峠《へだとうげ》から達磨山だけを約1時間30分でピストンできるが、南にある船原峠からなら、富士山の展望を楽しみながらクマザサの稜線を歩け、いっそうおもしろい。道標もしっかりと整備されているので、こちらを紹介しよう。

大曲茶屋バス停から国道と旧道を45分ほど歩き、船原峠に到着。伊豆山稜線歩道の大きな看板がある横の橋げた沿いに階段を上がると、すぐに稜線に合流する。林の中の登山道と、車道の西伊豆スカイラインの脇を交互に歩いていくと、広い土肥《とい》駐車場に着く。ここからは駿河湾の大海原と西天城方面の山並みが望め、灌木の間から富士山が見え隠れする。

駐車場のすぐ先から再びクマザサが茂る登山道へ。車道脇に標識が立つだけで山頂の感じがしない伽藍山《がらんやま》を通過し、スカイライン沿いに進むと小土肥駐車場。この後、登山道に入り、見晴らしのよい稜線歩きを続けて古稀山へ。ここまで来れば達磨山は目の前だ。

戸田駐車場から、「空中散歩」という表現がぴったりの背丈が低い笹原をゆるやかに登っていくと、ついに大展望が広がる達磨山山頂に到着する。大きな海と山と空の絶景を堪能しよう。

山頂を後にしたら、富士山と海に向かって下る。いったんスカイラインに出た後、やや長い木段を登り、小達磨山を過ぎると戸田峠に到着。ここでバスに乗ることもできるが、時間に余裕があれば金冠山《きんかんざん》を往復し、さらに、だるま山高原レストハウスで一服するといい。ここからもバスの便がある。

[参考コースタイム：3時間45分]

[　マイカー情報　]

達磨山だけを往復するなら、だるま山高原レストハウスに50台、戸田峠に45台の無料駐車場を利用するとよい。

伊豆市役所観光商工課☎0558-72-9911
寺山タクシー☎0558-72-2129
だるま山高原レストハウス☎0558-72-0595

雲間のサンドウィッチ ㊷

from
Yasaburoudake

42

山梨県
奥秩父山塊

弥《や》三《さぶ》郎《ろう》岳《だけ》

標高 1058 m

山頂直下のハシゴ。かなり高度感ある岩稜を進む

羅漢寺山登山口の近くには駐車スペースがある

山頂からは甲斐駒ヶ岳や鳳凰三山を一望できる

パノラマ台の浮富士広場。富士山がきれいに見える

雲間のサンドウィッチ

年月 2018年6月撮影

機材 ニコンD810 | レンズ150-600　F5.6

設定 絞りF11 | 1/20秒 | ISO200 | 170㎜で撮影

COMMENT

弥三郎岳へはロープウェイで難なく登れ、誰でも撮影できるとあって、富士山以外の季節感や雲などの副素材が決め手となる。この作品は幸運にも雲が面白い形で富士山と絡んでくれた。雨上がりのような空気感が出せた。

ADVICE

弥三郎岳の山頂直下にはハシゴやクサリがあるので装備はしっかりと。長潭橋への下りには倒木が多く、道がややわかりにくいので、道標を確認しながら進むこと。

［　行き　］

JR中央本線・甲府駅

↓ タクシー約25分、約6000円
第一交通☎055-224-1100

夫婦木神社

［　帰り　］

昇仙峡口バス停

↓ バス約30分、590円
山梨交通☎055-223-0821

JR中央本線・甲府駅

万人には撮れない
ベストショットを狙って

昇仙峡《しょうせんきょう》を見下ろすようにそびえる弥三郎岳。ロープウェイが通じているので手軽に撮影ポイントに立てるが、よりドラマチックな絵作りには朝夕の斜光線が欲しいところ。ここでは、運行時間が限られるロープウェイではなく、歩いて登るコースを紹介しよう。

　夫婦木神社のすぐ近くの羅漢寺山《らかんじやま》登山口からスタート。ちなみに、弥三郎岳と金剛峰（現在のパノラマ台）、鷲ヶ峰（現在の展望台）を総称し、一帯を羅漢寺山という。登山口から駐車場を過ぎ、狭い車道をゆるやかに登って行く。八雲神社があり、すぐ先の広場がロープウェイの山頂駅でパノラマ台。浮富士広場と看板が掲げられ、富士山を拝む場所として整えられている。

　パノラマ台を通り抜け、白い砂の岩場を少し登ると、甲府盆地を見下ろす展望台に到着する。この先から道の様相はガラリと変わる。木製のハシゴの後に弥三郎権現の祠があり、両側がスパッと切れ落ちた岩にステップが切り込まれ、クサリまで付けられているのだ。ヒヤヒヤしながらも大岩を登りきると、岩の上の山頂に到着。展望は期待どおりで、富士山や南アルプス、荒川ダムなど３６０度の絶景が広がる。

　下山はパノラマ台まで戻り、左へ。ほどなくして現われる分岐で白砂山《しろすなやま》にも立ち寄ってみよう。白い砂に覆われた明るい山稜で、弥三郎岳の岩峰を眺められる。続いて、白山展望台を通過し、獅子平への分岐を過ぎ、鋭くとがった奇岩「太刀の抜き岩」に触れ、樹林帯を下っていく。いったん車道に出て、また登山道となり、商店の横に出たらゴールだ。昇仙峡口バス停がある。目の前に歴史的建造物でもあるアーチ橋の「長潭橋《ながとろばし》」が見られる。

[参考コースタイム：4時間]

甲府市観光課☎055-237-5702
昇仙峡ロープウェイ☎055-287-2111

[　マイカー情報　]

昇仙峡ラインで金桜神社を過ぎ、右手に分岐する林道へ進むと、夫婦木神社の近くの霊園前に駐車スペースがある。10台ほど駐車可能（無料）。

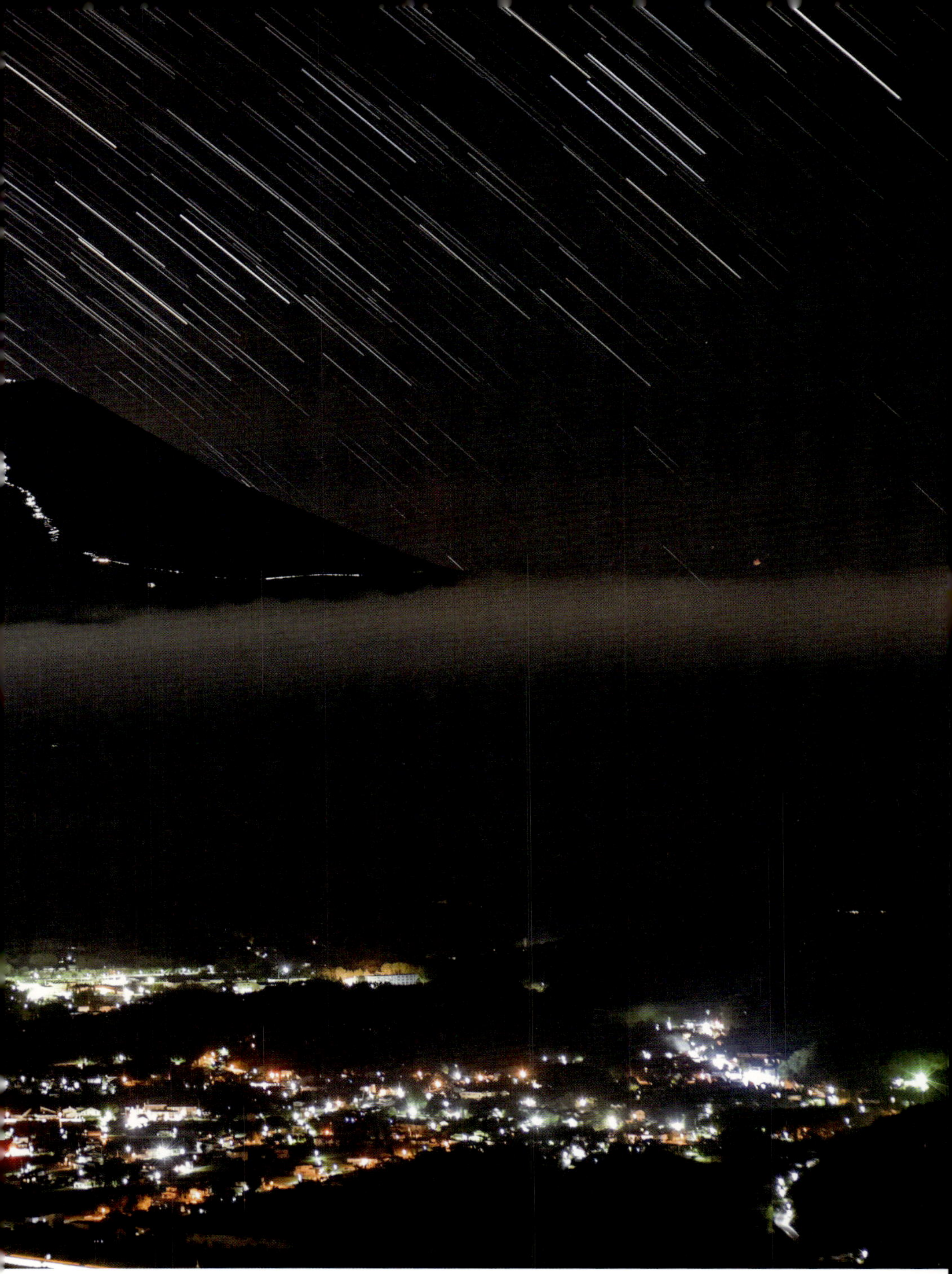

宇宙が見守る未明の光彩

from
Takazasuyama

43

山梨県 忍野村 高《たか》座《ざす》山《やま》 標高1304m

登山道脇にはキキョウをはじめ、多くの高山植物が咲く

マイカーは鳥居地峠の駐車スペースに。富士山駅からタクシーでもここまで入れる

高座山の山頂からの眺め。迫力ある富士山が爽快だ

宇宙が見守る未明の光彩

年月 2018年8月撮影

機材 ニコンD810 ｜ レンズ24-70　F2.8

設定 絞りF2.8 ｜ 6秒 ｜ ISO1600 ｜ 400枚を比較明合成 ｜ 50㎜で撮影

COMMENT

このシーンを撮るなら海の日やお盆休みの未明が狙い目だ。かつ、月はないほうがよい。私は何度も通い、一晩中撮影するつもりでチャンスを待った。すると幸運にも、ペルセウス座流星群まで撮影できたのだ。

ADVICE

バルブ撮影かインターバル撮影かで迷うところだが、私の場合はインターバル撮影を選択した。富士山上空は想像以上に飛行機が多いので悩ましい。

[　往復　]

富士急行線・富士山駅

↕ バス約30分、460円
富士急バス☎0555-72-6877

忍野村役場前バス停

光であらわす真夏のドラマ

忍野《おしの》村《むら》を従え、杓子山《しゃくしやま》へと連なる高座山は、カヤトに覆われた山肌が印象的で、終始、富士山と睨めっこしながら登れる人気の山だ。なんといっても富士山の展望が素晴らしく、写真愛好家によく知られている山である。

忍野村役場前バス停で降り、忍野中学校に向かい、中学校の裏手から鳥居地峠まで舗装された林道を進むと駐車スペースがある。ここから登山道となり、高座山への道標に従って尾根を登っていく。

樹林帯を抜け、開放感あるカヤト原を過ぎ、最後に急斜面を登りきると高座山の山頂だ。山頂からは富士山と忍野村を一望できる。山頂付近には撮影ポイントが随所にあるので、お気に入りの構図を見つけよう。

日中の富士の雄姿もいいが、私は富士山の人間模様を描写することを狙ってみた。多くの登山者が富士山に登るさまを光跡で表現する。真夏の2カ月間だけに見られる、全コースから多くの登山者が初日の出を目指して登る様子をとらえるのだ。

ただし、忍野村は山に囲まれた地形のためガスが発生しやすく、富士山を隠してしまうことも多い。好条件がそろうことを願って撮影に挑んだ。しっかりとした三脚、レリーズ、明るいレンズ、ヘッドライトは必携。加えて、ブヨ対策の防虫スプレーも忘れずに。

コース中に高山植物が多く見られるのもうれしい。キキョウやホタルブクロ、センニンソウ、マツムシソウなどなど、さまざまな花が登山道を彩り、高山植物ファンにはたまらない山だ。

高座山だけでは物足りない方は、山頂から大権首《おおざす》峠《とうげ》を経て杓子山まで歩くのもいいだろう。杓子山からは富士山はもとより、伊豆半島の山々や南アルプスを望むことができる。

［　マイカー情報　］

忍野中学校の裏手から林道に右折した先の鳥居地峠の路肩に6台ほど駐車可能なスペースがある。

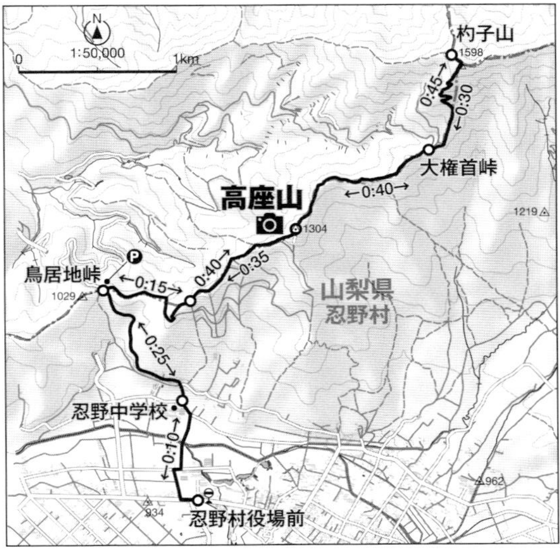

[参考コースタイム：5時間30分]

忍野村役場☎0555-84-7794
富士急山梨ハイヤー☎0555-22-1800

わた雲染まる

from
Takanosuyama

44

東京都
奥多摩

鷹《たか》ノ《の》巣《す》山《やま》

標高 1737 m

広いスペースがあり、休憩しやすい山頂。標識も立派

シーズン週末には避難小屋前にテントの花が咲く

奥集落には鷹ノ巣山への道標が丁寧に立てられている

奥集落上部まで林道が延び、路肩に車が停められる

山頂からは三頭山が大きく見える。展望は素晴らしいの一言

ログハウス風できれいな鷹ノ巣山避難小屋

[行き]

JR青梅線・奥多摩駅

↓ バス約36分、600円
西東京バス氷川車庫
☎0428-83-2126

峰谷バス停

[帰り]

羽黒三田神社

↓ 徒歩約10分

JR青梅線・奥多摩駅

わた雲染まる

年月 2018年5月撮影

機材 ニコンD810 | レンズ24-70 F2.8

設定 絞りF11 | 1/8秒 | ISO200 | 28㎜で撮影

COMMENT

日没直前に雲がオレンジ色に染まった。一瞬どう捉えるか迷い、富士山が小さくはなるが思い切って色づいた雲を大きく入れようと決めた。むろんワイドでの使用を前提にしている。時には異質な表現も大切である。

ADVICE

峰谷バス停から登山口までは若干わかりにくいが、奥集落と鷹ノ巣山への道標を確認しながら進んでいくように。下りの石尾根は飽きるほど長いので、ペース配分に注意を。

奥多摩随一の大展望が広がる山へ

鷹ノ巣山は奥多摩エリアで屈指の展望を誇る。ぜひとも四季折々の風景を写真に収めてほしい山だ。

ここでは、南側の浅間尾根を登って山頂を目指すルートを紹介する。北側の稲村岩尾根が奥多摩三大急登と言われるハードな道であるのに対し、こちらは自然林に覆われたやさしい道だ。

奥多摩駅から、本数が少ないため逃さないように注意してバスに乗り、峰谷へ。バス停から川沿いに車道を歩き、三沢橋を渡り、その先で右へ曲がり、直後にある民家の横を左に入る。緩やかなカーブの途中から右に、奥集落への近道となる小路があるのでそれを登り、再び車道に出たら鷹ノ巣山への道標を目印に左へ。やがて砂利道となり、大きく右折すると登山口がある。

登山道は浅間神社の鳥居につながり、参道が延びている。荒廃が進んだ本殿を過ぎると傾斜がきつくなるので息を整えて登ろう。しばらく行くとブナやミズナラなどの自然林となり、傾斜も緩やかになった後、斜面をトラバースするとコンクリートで固められた水場があり、その先に鷹ノ巣山避難小屋が立つ。避難小屋前の石尾根縦走路を右にゆるやかに登っていくと、鷹ノ巣山の山頂に到着だ。奥多摩中央部の山々の奥に丹沢山塊、富士山を望み、さらに西の彼方には南アルプスを一望する。まさに展望の山である。

下山は石尾根縦走路を南東へ、奥多摩駅へと進んでいこう。尾根筋が防火帯となっているため道幅が広く、眺望が開け、快適な尾根歩きのスタートとなる。水根山を経て、登り下りを繰り返し、城山に着いたらそのまま下り、六ツ石山分岐へ。先へ進み、三ノ木戸山の分岐を過ぎるとスギ林となり、さらに下ると羽黒三田神社に着く。集落を通り、氷川《ひかわ》大橋を渡って左折すれば奥多摩駅へゴールとなる。

［ マイカー情報 ］

浅間尾根を往復するなら、奥集落の林道路肩にある数台分のスペースを利用する。通行の邪魔にならないように注意して停めたい。

奥多摩観光協会
☎0428-83-2152

［参考コースタイム：7時間55分］

芽吹きにそびえる

from
Nijuurokuyasan

45

山梨県
道志山塊

二《に》十《じゅう》六《ろく》夜《や》山《さん》

標高 1297 m

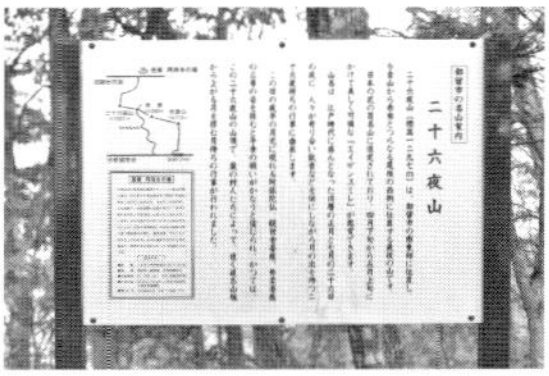

石碑の横には二十六夜待ちの説明があるので、ぜひ読んでみたい

四季折々の彩りが楽しめる山頂は大休止に最高のロケーション

トンネル手前の道坂隧道バス停。登山道はトンネルの横を登る

芭蕉月待ちの湯からは都留市駅行きのバス便があるので便利

二十六夜と刻まれた、趣のある古い石碑

山頂からは中央本線沿線の北と南の山々が手に取るように見える

［ 行き ］

富士急行線・都留市駅

↓ バス約30分、650円
富士急バス大月営業所
☎0554-22-6600

道坂隧道バス停

［ 帰り ］

芭蕉月待ちの湯バス停

↓ 都留市内循環バス約24分、200円
富士急バス大月営業所
☎0554-22-6600

富士急行線・都留市駅

芽吹きにそびえる

年月 2018年5月撮影

機材 ニコンD810 ｜ レンズ28-300 F4.5

設定 絞りF8 ｜ 1/180秒 ｜ ISO400 ｜ 98㎜で撮影

COMMENT

新緑の山肌を絡めて富士山を捉えた。やや長めのレンズで切り取り、新芽の山稜が引き立った。もう少しメリハリのある光線だったらなお良かっただろう。私もこの景色を眺めつつ月待ちの人になりたいと思った作品である。

ADVICE

登山道はよく整備されているので初心者でも快適に歩けるだろう。ただし距離が長く標高差もあるため、余裕をもったプランニングを。季節に応じた装備もお忘れなく。

大展望が待ちうける充実の縦走コース

二十六夜山は、連なる松山（赤岩）とともに、富士山を「見る！」「撮る！」のベストポジションといえる絶景ポイント。また、新緑と紅葉がとりわけ美しい山でもある。壮大な展望を楽しみ、松尾芭蕉ゆかりの温泉に立ち寄る贅沢なコースを紹介しよう。

登山口は道坂《どうざか》隧道バス停。まずは今倉山を目指してトンネル横に延びる登山道を登り、つづら折りの急登を終えると樹林に囲まれた山頂へ到着する。その後、左の稜線へと進み、道坂隧道からの沢コースと合流した先が松山だ。ここの展望は実に見事で、南アルプス、北アルプス、八ヶ岳、筑波山など、360度の大パノラマが広がる。特に御《み》正体山《しょうたいやま》を前景にした富士山は最強の構図だろう。

いつまでもいたい山頂だが、先に進もう。ロープの付けられた岩場を下り、平らで気持ちのよい稜線を行くと林道に出る。右に少し進んで再び登山道へ入り、ガレ場を通過して緩やかに登ると、ようやく二十六夜山に到着する。細長い山頂の左右に展望があり、雄大な富士を望む。ちなみに、この山名は江戸時代に盛んだった旧暦の正月と7月26日の夜に月の出を待つ二十六夜待ちの行事に由来するそうで、山頂に廿六夜と彫られた石碑がある。

石碑のすぐ下で道は二手に分かれるので右へ下る。急な下りで、途中、ロープが付けられた場所もあるので滑らないように。ジグザグの急坂の先には巨岩から清水が豊富に湧く「仙人水」があり、その先には一枚岩の大岩「かっちゃ岩」がある。沢沿いに下っていくと舗装路に出るので道なりに進み、T字路で右に行けば日帰り温泉の「芭蕉月待ちの湯」に到着だ。

[参考コースタイム：4時間30分]

都留市役所☎0554-43-1111
芭蕉月待ちの湯☎0554-46-1126

[マイカー情報]

道坂トンネルのバス停付近の路肩に10台ほど駐車可能なスペースあり。

厳寒の稜線

46

from
Komagatake

46

群馬県
上毛三山

駒《こま》ヶ《が》岳《たけ》

標高 1685 m

氷上でワカサギ釣りを楽しむ人々がいる大沼を一望

雪庇が張り出している稜線。踏み抜きに気をつけたい

マイカーなら広いおのこ駐車場を利用できる

駒ヶ岳から見る地蔵岳。南アルプスや奥秩父も見える

[往復]

JR両毛線・前橋駅

↑バス約1時間10分、1500円
関越交通前橋営業所
↓☎027-210-5566

あかぎ広場前バス停

※前橋駅から富士見温泉行きに乗り、富士温泉で赤城山ビジターセンター行きに乗り継ぐ。土・日・祝日には1日5往復半の赤城山直通バスが運行される。

厳寒の稜線

(年月) 2019年2月撮影

(機材) ニコンD810 | レンズ24-70　F2.8

(設定) 絞りF11 | 1/60秒 | ISO400 | 70㎜で撮影

COMMENT

冬になったら必ず撮ると決めていた山だ。富士山までの距離と冬型の気圧配置を考えると、確実な天気でなくては登れない。当日は高気圧の縁になったせいか、強風にブリザードで苦戦したが、なんとか日の出前に登頂できた。

ADVICE

駒ヶ岳の山頂は景色がいい分、風は刺すように強い。冬は防寒対策を十分にしていこう。稜線歩きの際、右側に雪庇ができるので、道の端は絶対に歩かないように。

冬の厳しさを物語る 霧氷が美しい

赤城山は最高峰の黒檜山《くろびさん》をはじめ、駒ヶ岳、長七郎山《ちょうしちろうさん》、荒山、地蔵岳、鍋割山、鈴ヶ岳を合わせた総称である。ツツジの名所として有名だが、冬山の入門コースとしても知られている。美しさに感動する冬の霧氷トレイルを狙って駒ヶ岳に登り、黒檜山へと縦走しよう。両山ともに登山口があり、どちらを先に登ってもいいが、黒檜山登山口から出発すると逆光となるため、駒ヶ岳登山口を出発地にするほうをおすすめしたい。

アイゼンをつけて歩き始めると、単調な急坂が続いたあと、鉄パイプの手すりがついた長い鉄階段となる。冬季でも人気があり、たいていトレースがついているので迷うことはないだろうが、もしもわからなくなったらこの階段の手すりを目印にするといい。視線を上げるとあたりの木々が霧氷となり、キラキラと輝いている。長い階段が終わると視界が開け、広い稜線に飛び出す。左へなだらかな道を気持ちよく進むと、駒ヶ岳の山頂に到着だ。

山頂からは360度が見渡せ、向かう黒檜山をはじめ地蔵岳や大沼も望め、遠くには富士山の頭がのぞいている。

駒ヶ岳山頂からは霧氷のトンネルを下っていき、開けた大ダルミに着くと、ここからは急登。花見ヶ原キャンプ場への分岐を見送り、御黒檜大神の鳥居を過ぎると登山口への分岐の先に黒檜山の山頂がある。山頂からの展望もいいが、さらに2分進んだ先に谷川岳や奥日光連山を見渡せる展望台があるので寄ってみよう。

引き返し、先ほどの分岐まで戻ったら右へ下る。ほどよい傾斜をどんどんと下っていくと猫岩の道標がある地点から眼下に大沼と赤城神社が見え、ほどなくして黒檜山登山口に到着する。

大沼沿いの車道を歩いてあかぎ広場前バス停へと戻ろう。

[マイカー情報]

駒ヶ岳登山口のすぐそばに県立の「おのこ駐車場」がある。100台駐車可能で無料。

[参考コースタイム：3時間50分]

前橋市役所観光振興課☎027-210-2189

秋色秀麗の山稜 47

from
Oodakesan

47

東京都
奥多摩

大《おお》岳《だけ》山《さん》

標高 1267 m

長尾平は紅葉も新緑も美しく、広々としている

御岳山ケーブルカーは高低差423mを6分で結ぶ

いくつもの尾根が重なる大展望の大岳山山頂

茶屋が並ぶ御岳山神社の参道を通って

［ 行き ］

JR青梅線・御嶽駅

↓ バス約10分、280円
西東京バス氷川車庫
☎0428-83-2126

ケーブル下（滝本駅）

↓ ケーブル約6分、590円
御岳登山鉄道☎0428-78-8121

御岳山駅

［ 帰り ］

千足バス停

↓ バス約26分、470円
西東京バス五日市営業所
☎042-596-1611

JR五日市線・武蔵五日市駅

秋色秀麗の山稜

年月 2012年11月撮影

機材 ニコンD300S ｜ レンズ17-35　F2.8

設定 絞りF11 ｜ 1/60秒 ｜ ISO400 ｜ 31㎜で撮影

COMMENT

この作品は、どうしても朝の斜光線で撮影したかったので山頂にテン泊したもの。澄み渡る光景が素晴らしく、時間も忘れてシャッターを切った。広がる尾根の重なりと紅葉を配し、遠近感を出してパノラマ的構図でまとめた。

ADVICE

奥多摩の紅葉は遅く、見頃の判断が難しいので、事前に御岳山ビジターセンターに問い合わせるといい。大岳山に集まるコースはどれも紅葉がきれいなので、被写体は豊富だ。

紅葉に励まされて歩く人気コース

檜《ひの》原《はら》村《むら》と奥多摩町の境界にそびえる大岳山は、頭部がポコンと飛び出た個性的な山容で親しまれている。10月下旬からの紅葉がとても美しい山だ。作品では紅葉を従えた富士山を狙った。

JR青梅線の御嶽《みたけ》駅からバスとケーブルカーを乗り継いで、まずは御岳《みたけ》山《さん》の山上を目指す。高度が上がるにつれ車窓からの紅葉の色が深まっていくのが楽しい。ケーブルカーを降りたら御岳山の山頂に鎮座する御岳神社へ向かう。大きな鳥居の随身門をくぐる神社へ続く石段の下に出るので、ここを左に進んで大岳山へ。緩やかに下り、長尾平で分岐を右へ。ちなみに、左は渓流沿いの苔むした岩を進むロックガーデンだが、1時間余計にかかるため次回の楽しみに取っておこう。

ほどなくして、枝が大きく曲がった「天狗ノ腰掛杉」があり、二手に分かれる道を左へ進むと、大きな休憩所が立つ地点でロックガーデンからの道と合流する。次第に傾斜がきつくなり、鍋割山への道を右に分けて登っていく。このあたりはクサリ場やハシゴが続くので慎重に。まもなくして、今は使われていない大岳山荘が見え、険しい岩場をひと登りすれば大岳山の山頂だ。山頂はいつも多くの人で賑わっている。

下山には複数のルートがあるが、ここでは千足《せんぞく》へ下りることにしよう。山頂から大岳山荘まで戻り、馬頭刈《まずかり》尾根を進む。白倉への道を右へ分け、大岳鍾乳洞への道を左に分け、さらに進むと、たどって来た稜線を一望できる場所がある。続いてハシゴのある岩場を抜けるとつづら岩に着き、ここから尾根を離れて急斜面を下っていく。天狗の滝を眺めて和み、歩を進めると、やがて千足バス停に到着する。

[参考コースタイム：5時間15分]

奥多摩観光協会☎0428-83-2152
御岳ビジターセンター☎0428-78-9363

[　マイカー情報　]

入・下山口が違うためマイカーには適さないが、大岳山を往復するなら、ケーブルカー滝本駅にある駐車場を利用するとよい。136台、1時間350円。

48

秋空に冴えて

from Gangaharasuriyama

48

山梨県
大菩薩連嶺

雁《がん》ヶ《が》腹《はら》摺《すり》山《やま》

標高 1874 m

大峠付近から、目指す雁ヶ腹摺山が望める

登山口である大峠には駐車スペースとトイレがある

山頂から見る富士山は500円札の絵柄になっている

道標に従って出発。登山者カウンターを忘れずに

秋空に冴えて

年月 1997年10月撮影

機材 ペンタックス6×7 | レンズ150　F4

設定 絞りF22 | 1/60秒 | フジベルビア ISO50

COMMENT

実はこの山には雲海と秋空を狙って何度も通っているが、いのだ出会えていない。作品は、欲を言えば富士山にもう少し冠雪が欲しかった。なお、富士山側が大きく開けているので、広角レンズから望遠レンズで作画を。

ADVICE

大峠から雁ヶ腹摺山までは往復で2時間もかからないので、撮影に専念できる。山歩きを楽しむなら姥子山まで行くといい。登山道は全体的に滑りやすいため注意を。

[往復]

JR中央本線・大月駅

↕ タクシー約40分、約7500円
富士急山梨ハイヤー大月営業所
☎0554-22-2455

大峠登山口

※大月駅からバス便もあるが、最寄りのハマイバ前バス停で下車しても大峠の登山口まで林道を3時間ほど歩くことになるため、タクシー利用が妥当。

富士を撮るなら外せないモデル山

大月市が選定した秀麗富嶽十二景の一番山頂である雁ヶ腹摺山は、500円札に描かれている富士山の撮影地としても知られる。真木小金沢林道の大峠から登るのだが、この林道は冬期閉鎖のため、写真の狙いは春か秋になる。作品は山肌の紅葉と青空のすじ雲をマッチングさせ、秋の気配を捉えた。

大峠の登山口から緩やかな道を南に向かって山腹を巻きながら登り、北へ折り返す。展望のよい大きな岩を通り過ぎ、カヤト原を抜けると雁ヶ腹摺山の山頂へ到着する。登山口からわずか1時間ほどの行程で、手軽な印象だ。

山頂は樹林に囲まれているが南斜面には草原が広がり、ちょうど富士山が正面に見えるように開けている。

芸術的に美しい富士の姿を堪能したら、姥子山《うばこやま》へも足を延ばしてみよう。山頂から分岐を道標に従い、自然林の中を下っていく。落ち葉が積もり、ぬかるんだ場所も多いので、雨の後などは足元に注意を。やや急な坂を一気に300mほど下り、一段落して見通しのよい平坦地となったら白樺平。姥子山と金山峠との分岐なので左へ進んで林道を横切り、ほどなくして姥子山に到着する。こちらは西峰で、この先7分ほどで東峰がある。東峰のほうが眺めがよいのでおすすめだ。

姥子山東峰は周囲が切り立った岩峰状なため、視界を遮るものはない。富士山はもちろんのこと、南アルプスや北都留《きたつる》三山、奥多摩の山々、丹沢山塊を見渡せ、遠くにはスカイツリーを望むことができる。そして、西側には今、登ってきた雁ヶ腹摺山が目の前にそびえ、充足感を得られるだろう。

この後は帰路へ。来た道を戻って大峠へ向かう。雁ヶ腹摺山までは長い登りとなり、少々飽きがきてしまうが、美しい富士の眺めを目指してもうひとがんばりしてみよう。

［ マイカー情報 ］

大峠の路肩に10台ほど駐車できる（無料）。12月～4月下旬は林道が通行止めとなるので注意を。

大月市産業観光課
☎0554-20-1829

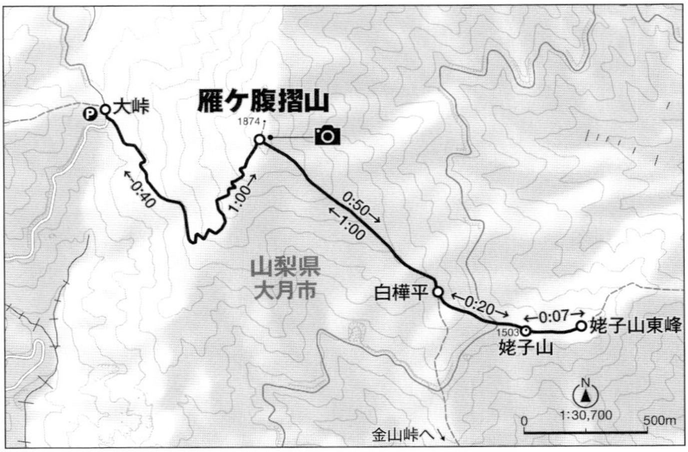

［参考コースタイム：4時間24分］

梅雨晴れの出逢い

from Hittaka

49

神奈川県
丹沢山塊

日《ひっ》高《たか》

標高 1461 m

丹沢山山頂には観音様が置かれ、富士山側に展望が

塔ノ岳は広くて絶景。お弁当を広げるならここで

通年営業のみやま山荘。できれば予約を入れたい

花期の塔ノ岳から丹沢山へはお花見気分で歩ける

梅雨晴れの出逢い

年月 1994年6月撮影

機材 ペンタックス6×7 ｜ レンズ105ミリ F2.4

設定 絞りF22 ｜ 1/15秒 ｜ フジベルビアISO50

COMMENT

青空に映える満開のシロヤシオツツジと残雪を抱いた富士。この光景は偶然では出会えない。事前に被写体を見つけ、開花情報を入手し、天気を読んで挑んだのだ。撮影以来、これ以上のシチュエーションに遭遇したことはない。

ADVICE

ツツジの満開は梅雨時でもあり、天気を読むのが重要なスキルとなる。下山時、烏尾山手前のクサリ場は慎重に。人気ルートのため時間には余裕をもって計画を。

[往復]

小田急小田原線・渋沢駅

↕ バス約20分、210円
神奈川中央交通秦野営業所
☎0463-81-1803

大倉バス停

長年狙っていた被写体を捉えに丹沢へ

神奈川県の屋根、とも言われる丹沢山地には多くのピークが連なり、魅力が尽きない。ピークのひとつである丹沢山がこの山塊の主峰だと聞けば、一度は立ちたいと思うのではないだろうか。その丹沢山の少し手前にあるのが日高だ。私はかねてから、ここに佇むシロヤシオツツジの古木が満開のときにぜひとも撮影したいと思っていた。

登山ルートは交通の便がよい大倉尾根で。塔ノ岳までは同じなので28ページを参照してほしい。塔ノ岳山頂に立つ尊仏《そんぶつ》山荘の脇から北に向かって階段状の尾根を下る。このあたりはシロヤシオやトウゴクミツバツツジが多く、6月の開花期には登山道を鮮やかに彩ってくれる。展望のよい道が鞍部となった後、階段を登り返すと日高の山頂に着く。山頂部は平坦地だ。

満足な写真を撮れたら丹沢山に向かう。日高からいったん下り、笹原の中を進んでいくと、明るく開けた見晴らしのよい龍ヶ馬場に至る。その先のブナ林を下り、登り返すと丹沢山に到着だ。撮影や登山の時間を考えると日帰りは厳しいので、山頂に立つみやま山荘に泊まるとよいだろう。

翌日は塔ノ岳まで戻り、三ノ塔を経由して大倉に下りるコースを取る。塔ノ岳で4方向を指し示す賑やかな標識の中から「新大日・三ノ塔方面」を確認し、その方向へ。木ノ又小屋を通過し、新大日で右へ折れ、ヤセ尾根やクサリ場を慎重に通過する。山荘が立つ烏《からす》尾《お》山《やま》で、初島までの展望を楽しんだら三ノ塔へ。三ノ塔の山頂は広く、休憩に最適。富士山も望める。振り返り、下ってきた丹沢表縦走路を眺めたら三ノ塔尾根を下り、1時間ほどで着く牛首から舗装路を歩いて大倉へ戻ろう。

[参考コースタイム：1日目5時間35分、2日目6時間40分]

[マイカー情報]

大倉バス停に隣接した秦野戸川公園に有料駐車場があり、160台駐車可能。ここと県道を挟んだ向かいにも40台駐車できる24時間営業のコインパーキングがある。

秦野市役所観光課☎0463-82-9648
みやま山荘☎0463-81-8662

薄暮れに華やぐ

from
Mitsumorikitamine

50

山梨県
権現山山塊・大月市

三《み》ツ《つ》森《もり》北《きた》峰《みね》

標高 1240 m

通り過ぎてしまいそうな麻生山の山頂

浅川バス停で準備を整え、浅川峠に向かう

三ツ森北峰山頂にはなぜか木に鏡が設置されている

権現山山頂は広く、多くの登山者で賑わっている

薄暮れに華やぐ

年月 2017年11月撮影

機材 ニコンD810 | レンズ28-300 F4.5

設定 絞りF8 | 10秒 | ISO400 | 100㎜で撮影

COMMENT

この山は抜群のロケーションなので、いつか富士山を撮りたいと狙っていた。夕日が残照に変わると、大月市、都留市、富士吉田市のS字に連なる街並みが浮かび上がった。シャッタースピードを遅くして光の流れを出した。

ADVICE

往復ともバスの便数が少ないので、時間が合わなければタクシーを利用しよう。マイナーな山だが道標はしっかりある。足場の悪い岩稜帯と、倒木の多い鋸尾根では慎重に。

[行き]

JR中央本線・猿橋駅

↓ バス約32分、340円
富士急バス大月営業所
☎0554-22-6600

浅川バス停

[帰り]

杉平入口バス停

↓ バス約25分、410円
富士急バス大月営業所
☎0554-22-6600

JR中央本線・猿橋駅

人気の山のピークを後に、静かな山歩きで絶景を

山梨百名山のひとつ、山裾を大きく広げた山容で人気の権現山《ごんげんやま》。その山頂から尾根道を西に進むとあるのが三ツ森北峰だ。権現山がメジャーな分、こちらは少しマイナーだが、富士山の眺めは権現山よりも素晴らしい。訪れる人が少ないため静かな山歩きができるのも魅力。権現山と三ツ森北峰の2山を巡る、欲張りコースを紹介しよう。

登山口は浅川バス停。バス停の向かいから延びる林道を進むと珍しい木造の堰堤が見え、先の竜滝橋を渡ると林道の終点となる。浅川峠の標識を確認して登山道へ。左右に小刻みに曲がりながら高度を稼いでゆき、扇山との分岐点である浅川峠に着いたら左へ。959ポイントあたりから急登に変わり、いい加減疲れてきた頃に稜線に出る。右に進めば権現山だ。権現山山頂は広く、展望もよいので休憩を。晴れれば富士山がその雄姿を見せてくれる。

権現山山頂からは尾根づたいに三ツ森北峰を目指す。まずは麻生山の道標に従って快適な尾根歩き。しばらく進むと小さな仏像があり、富岡への不明瞭な分岐を直進すると麻生山に到着する。展望はまったくなく、標識がなければ気づかないような山頂だ。

その後、なだらかな下りとなり、足場の悪い岩稜帯を慎重に通過すると三ツ森北峰に到着。目の前に遮るものがない山頂は、富士山はもちろん、大菩薩嶺、雲取山、奥秩父や奥多摩の山々、丹沢山系と、360度の大展望が望めるのだ。

山頂を後にしたら鋸尾根へ。南面が切れ落ちた箇所を横切り、小ピークを越すと、やがて道幅が広くなる。登山道を見失いやすいので、赤布を確認しながら下っていく。畑に出て、民家の横から車道に出たら道なりに歩き、加圧ポンプ場の横を通り、小姓橋の先で左に曲がれば杉平入口バス停に着く。

[　マイカー情報　]

登山口のバス停周辺に駐車場はないので、大月駅か猿橋駅へ行き、駅周辺のコインパーキングを利用する。

大月市産業観光課
☎0554-20-1829
大月タクシー
☎0554-22-2221

[参考コースタイム：5時間35分]

錦秋の大平原　51

from
Kasatoriyama

51

埼玉県
奥秩父

笠《かさ》取《とり》山《やま》

標高1953m

分水嶺を過ぎると目の前に急な登りの全貌が

あたたかいご主人が待つ笠取小屋をベースに

急登の先に着くピークには見事な展望が広がる

荒川、富士川、多摩川に分かれる小さな分水嶺

錦秋の大平原

年月 2018年10月撮影

機材 ニコンD810 | レンズ24-70 F2.8

設定 絞りF11 | 1/60秒 | ISO400 | 55mmで撮影

COMMENT

この年は台風が多く、厳密には紅葉、黄葉の状態はよくはなかった。しかし運良く前日に富士山に雪が降り、澄み渡る快晴の朝、朝日にカラマツの大海原が輝いた。撮影者は私ひとり。ドラマチックな至福の時間に感謝した。

ADVICE

登山道はすべて歩きやすく整備されている。笠取小屋に宿泊し、雁峠、燕山まで足を延ばしたり、唐松尾山を経由して一ノ瀬高原へ下山するプランもいいだろう。

[往復]

JR中央本線・塩山駅

↕ タクシー約50分、約1万円
栄和交通☎0553-26-2344

作場平

美しい水源の森で最高の秋景色を

奥秩父の山で秋の絶景を撮りたいと、選んだのが笠取山。一帯には圧倒的なカラマツ林が広がっていて、秋になると美しく色づくからだ。また、多摩川流域の最奥に位置する笠取山には、山頂直下に多摩川の最初の一滴を落とす「水干」があり、東京都水源林として美しい森が守られている。コースは作場平から往復するルートを選んだ。

バス便はないのでマイカーかタクシーで登山口へ。緩やかな沢沿いを進んでいくと一休坂分岐へ至り、右は一休坂、左はヤブ沢峠を経由して笠取小屋へ着く道である。時間に大差はないので尾根伝いに行く右側の一休坂方面へ。水源林監視道が横切る一休十文字を過ぎ、ミズナラなどの美しい広葉樹林帯を進んでいくと、やがて笠取小屋前の広場に到着する。

小屋を過ぎるとマツ林が始まり、すぐに視界が開ける草原地帯に。雁峠《がんとうげ》分岐を通過すると、こんもりとした草の丘があり、「小さな分水嶺」の説明看板と石柱が立っている。この丘の先で、笠取山の山頂に向かって一直線に延びる登山道が目に飛び込み、あまりの急斜面に驚いてしまうが、意を決して登りにかかろう。上に行くほどきつい傾斜を登りきると、山梨百名山の標柱が立つピークに到着する。ただし、最高地点はここから岩尾根を進んだ場所にあるのでご注意を。

さらに進み、道標に従って水干を目指し、最初の一滴を眺めたら下山。笠取小屋まで戻り、来た道を下っていく。なお、山頂は狭いので笠取小屋の前で休憩するといいだろう。さらに、笠取小屋のご主人は気さくで細やかな配慮をしてくださる方だ。撮影拠点として宿泊をおすすめしたい。

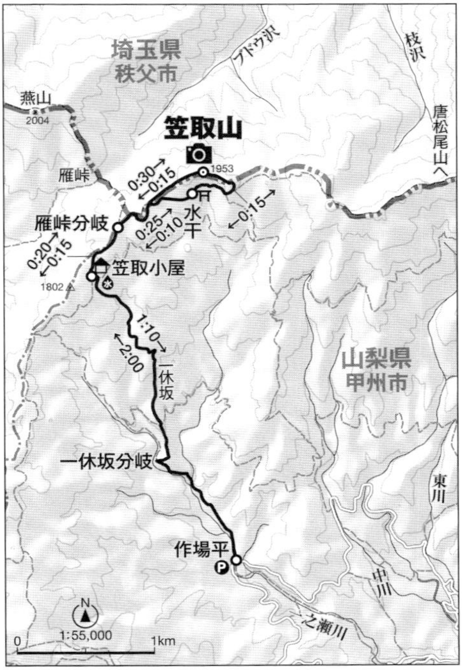

[参考コースタイム：4時間40分]

秩父市役所☎0494-22-2211
甲州市観光商工課☎0553-32-2111
笠取小屋☎0553-34-2058

［　マイカー情報　］

登山口に20台分の無料駐車場がある。

富士山が見える山100

ここに紹介する100の山は、基本は富士山の両裾野が見えていて、著者自身が登って撮影したいと思っているロケ候補地である。それなりに絵にできる低山をセレクトした。花が咲いたら、雲があったら、紅葉になったら、雪が降ったら、霧氷がついたら、朝夕に染まったら、ダイヤモンド富士にパール富士、夜景や天の川が見えたら、などと想像を膨らませて、絶景富士山との出逢いを求めて登ってみてはいかがだろうか。

No.	山名	標高	登頂最短コースタイム	富士山までの距離	アクセスと情報
茨城県					
1	宝篋山《ほうきょうさん》	461	1時間30分	154.7km	登山口は小田休憩所。バス停と駐車場がある。山頂からは筑波山の眺めが素晴らしい。四季それぞれに彩りのある山である。
2	富谷山《とみやさん》	365	5分	170km	富谷山山頂は荒れていて通行が困難なので、富士山を撮影するなら「関東の富士見百景」に選定されている、ふれあい公園からがよい。
3	尺丈山《しゃくじょうさん》	511	10分	206km	山頂付近からは富士山や日光連山、太平洋を望める。展望休憩小屋やトイレもある。尺丈山登山口からは40分で登れる。
4	男体山《なんたいさん》	654	40分	214.1km	男体山表参道を登れば最短で山頂に立てる。山頂からのパノラマは圧巻だ。快晴の日にぜひ富士山を狙いたい。
5	高鈴山《たかすずやま》	623	1時間10分	218km	日立市と常陸太田市の境に位置する山。花の百名山でイワウチワが有名。向陽台駐車場からが最短。望遠レンズが必要。
6	八溝山《やみぞさん》	1022	5分	222.8km	八溝山は福島、茨城、栃木の3県にまたがる山である。前景の重なりが素晴らしく、ぜひ朝夕夜に長いレンズで狙いたい。
7	土岳《つちだけ》	599	20分	226.1km	「茨城の自然百選」にも選ばれる植物種の豊富な山。坂の上登山口から登れば最短。駐車場もある。富士山は冬晴れの日に狙うといい。
栃木県					
8	三毳山《みかもやま》	229	20分	132.2km	花の百名山に選定されていて、カタクリが群生する山としても知られているうえに、富士山もバッチリ見える。バス便や駐車場も充実している。
9	熊鷹山《くまたかやま》	1169	2時間	146.4km	沢沿いルートは近年、ヒルが出るので注意。山頂には展望台があり関東一円が望める。登山口まではマイカーかタクシーを利用する。
10	高峰《たかみね》	520	40分	173.1km	栃木と茨城の県境にあり山頂からの眺めが素晴らしい。パラグライダーの基地跡がある。山頂に近い平沢峠に駐車場とトイレがある。
11	三登谷山《みつとやさん》	433	55分	173.5km	三登谷山は小さな双耳峰の山。大川戸から登る。山頂から少し南に進んだところに展望広場がある。雨巻山と一緒に登りたい。
12	芳賀富士《はがふじ》	272	30分	179.6km	南麓にある800年以上の歴史をもつ益子町安善寺の無料駐車場から登る。山頂は狭いものの明るく、ベンチがある。
13	御亭山《こてやさん》	513	3分	208.9km	御亭山は山頂直下まで車で行けて手軽に大展望を楽しめる人気スポット。前景に多少ブッシュが入る。カメラ位置は厳格に。
群馬県					
14	鍋割山《なべわりやま》	1332	1時間40分	132.5km	赤城山最南端の山。山頂からは360度に展望が広がり、関東平野を眼下にする眺望が素晴らしい。快晴時に富士山を狙いたい。
15	鳴神山《なるかみやま》	980	1時間30分	134.5km	駒形登山口、大滝登山口ともにコースタイムに大差はない。カッコソウが咲くことで有名。富士山撮影には望遠レンズが必携。
埼玉県					
16	飛龍山《ひりゅうやま》	2069	4時間50分	54.9km	奥秩父・奥多摩では雲取山をしのぐ標高があり、山容も堂々としているが、訪れる人は少ない。富士山は前飛龍の岩場から狙える。
17	御殿岩《ごてんいわ》	2075	3時間	57.1km	富士山を撮影するなら三ノ瀬から夜間に歩くか、将監小屋に泊まるといい。新緑と紅葉の雄大な景観が素晴らしい。
18	日向沢ノ峰《ひなたさわのうら》	1356	1時間5分	65.3km	岩と道標が立つ狭い山頂だが、川苔山や蕎麦粒山方面が眺望できる。有間峠から入るのが最短。富士山撮影には長めのレンズがいい。
19	両神山《りょうかみさん》	1723	3時間30分	74.2km	日本百名山。県境にない埼玉県の山で唯一富士山が見える。アカヤシオが咲くことで有名。奥秩父の稜線にうまく顔を覗かせている。
千葉県					
20	鋸山《のこぎりやま》	329	1時間10分	103.7km	ロープウェーを利用すれば4分で山頂駅に着く。富士山はどこからでも撮影できるのでお好みの場所を探そう。

21	富山《とみさん》	349	1時間20分	109.2km	双耳峰が美しい富山は里見八犬伝ゆかりの山として人気がある。山頂には展望台がある。富士山の撮影には長いレンズが欲しい。
22	大日山《だいにちやま》	333	1時間	114.4km	バスなら滝田郵便局バス停で下車。大日山登山口から登ると最短。東京湾が意外に間近に見え、富士山と作画できる。
23	御殿山《ごてんやま》	364	1時間10分	115.1km	登山口になる高照禅寺に駐車場とトイレがある。富山と津野辺山の間に富士山が見え、おもしろいアングルで撮影ができる。
24	高宕山《たかごやま》	330	1時間40分	116.2km	野生のニホンザルが生息している。どの登山口から登ってもコースタイムはほぼ同じ。東京湾を前景に富士山が撮影できる。
25	烏場山《からすばやま》	266	2時間	122.1km	南房総市と鴨川市との境界にある山。花嫁街道から入山。富士山の前景におっぱい状の稜線が入る。
			東京都		
26	浅間嶺《せんげんれい》	903	1時間20分	52.2km	武蔵五日市駅から上川乗までバスで行く。マイカー利用なら浅間林道入口の駐車場を利用するとよい。春はサクラがきれいなところ。
27	七ツ石山《ななついしやま》	1757	3時間30分	55.8km	奥多摩駅から鴨沢までバス便がある。七ツ石小屋が利用できるが、奥多摩小屋廃止の影響もあってシーズン中は混雑する。
28	雲取山《くもとりやま》	2017	5時間30分	57.2km	長いコースなので雲取山荘か避難小屋を利用したい。富士山の前景の山並みが物足りないので長めのレンズで作画したい。
29	馬頭刈山《まずかりやま》	884	1時間30分	57.8km	武蔵五日市駅から軍道までバス。馬頭刈尾根を往復。マイカー利用なら十里木の駐車場を利用。眺めは抜群。
30	天目山《てんもくざん》	1576	2時間55分	64.2km	東日原からヨコスズ尾根を詰めるコースが近い。一杯水避難小屋が利用できる。富士山手前に入る稜線の入れ方が難しい。
31	川苔山《かわのりやま》	1363	3時間40分	64.3km	富士山の手前に絵になる稜線が入るので、狙いは新緑と紅葉期。奥多摩駅から川乗橋までバス便がある。
32	酉谷山《とりだにやま》	1718	4時間30分	64.9km	長沢背稜の中間点になる。アプローチが長いので酉谷避難小屋を利用したい。前景にカラマツが入るので秋が狙い目だ。
			神奈川県		
33	鉄砲木ノ頭《てっぽうぎのあたま》	1291	25分	18.2km	山中湖の東側にある山。山頂は砂礫の平坦地で広く、山中湖を挟んで富士山が間近に見える。三国峠からのルートが最短。
34	丸岳《まるだけ》	1156	10分	25.3km	芦ノ湖の桃源台から歩くか、マイカーで箱根スカイラインの芦ノ湖展望公園の駐車場を利用するかになる。展望は抜群だ。
35	矢倉岳《やぐらだけ》	870	1時間10分	28.3km	足柄万葉公園からが近い。富士山がドカーンと見えるだけに何か前景に入れたいところだ。変わったアングルで撮影してみよう。
36	明神ヶ岳《みょうじんがたけ》	1169	2時間20分	30.9km	富士山の前景に金時山が不自然に入るのでカメラ位置を考えて撮影したい。みはらしコースから入山するのが最短。入山規制に注意。
37	駒ヶ岳《こまがたけ》	1356	5分	31km	駒ヶ岳ロープウェーを利用すれば、登らずに山頂にたてる。富士山はバッチリだが手前に尾根が大きく写り込む。ひと工夫したい。
38	加入道山《かにゅうどうやま》	1418	2時間15分	33.3km	山頂には展望がないが、近くの破風口付近にある展望広場で富士山が狙える。加入道避難小屋泊で登りたい。
39	高松山《たかまつやま》	801	45分	34.2km	最寄り駅は山北駅で、尺里峠までタクシーかマイカーで入ると山頂は近い。富士山の前景に形の悪い尾根が入るのでひと工夫を。
40	大室山《おおむろやま》	1587	3時間15分	34.9km	檜洞丸同様、ツツジが見事な山。犬越路避難小屋などに泊まり、稜線で撮影ポイントを探そう。
41	袖平山《そでひらやま》	1432	3時間30分	39.7km	八丁坂まで車で入るのがいちばん近い。黍殻避難小屋を利用する手もある。しっかりとした富士山が四季を通して撮影できる。
42	蛭ヶ岳《ひるがたけ》	1673	5時間40分	39.9km	八丁坂まで車で入るのがいちばん近い。アプローチが長いので蛭ヶ岳山荘を利用する。例年、2/9と11/2頃はダイヤモンド富士である。
43	三角山菜ノ花台《さんかくやまなのはなだい》	600	0分	44.1km	ヤビツ峠の道すがらに寄れる菜ノ花台。駐車場でもある。観光写真的な富士山になるが、3/12と10/1〜2にダイヤモンド富士になる。
44	大山《おおやま》	1252	1時間10分	46.6km	超人気スポット。頂上からは江の島や東京副都心のビル群まで一望できる。場所によっては富士山の手前に嫌な形で稜線が入る。
45	浅間山《あさまやま》	680	1時間5分	46.9km	蓑毛バス停からが近い。富士山は山頂よりも、高取山方面に進んだ無線中継所付近の送電線脇から撮影するとよい。
46	権現山《ごんげんやま》	243	15分	46.9km	権現山、弘法山、浅間山一帯は「弘法山公園」と呼ばれている。県立自然公園にも指定され、どの山からも富士山が見える。

47	弘法山《こうぼうやま》	235	10分	47.5km	弘法山、権現山、浅間山一帯は「弘法山公園」と呼ばれている。県立自然公園にも指定され、どの山からも富士山が見える。
48	吾妻山《あづまやま》	136	20分	48.3km	「かながわ花の名所100選」の山。山頂展望台は箱根や丹沢、富士山が見える絶景スポット。花の時期にあわせて登りたい。
49	陣馬山《じんばさん》	855	30分	51.3km	人気度抜群の山である。和田峠からがいちばん近い。白馬のモニュメントが印象的。富士山は望遠レンズで狙いたい。
50	鷹取山《たかとりやま》	139	1時間5分	52.8km	鷹取山の象徴的な岩壁はクライミングスポットとしても有名。神武寺駅が最寄駅で、タクシーを使えば山頂直下まで入れる。
51	城山《しろやま》	670	1時間25分	53km	城山山頂には茶屋がある。小仏側に少し下れば相模湖と中央道を絡めて撮影できる。
52	浅間山湘南平《せんげんやましょうなんだいら》	181	5分	53.1km	江の島、三浦半島、房総半島、伊豆半島が見え、大島、箱根連山、富士山、丹沢山塊を望む。山頂近くに駐車場がある。
53	大楠山《おおぐすやま》	241	40分	82.8km	三浦半島最高峰の大楠山。山頂からは伊豆半島、富士山、箱根連山、大島、房総半島と360度の大パノラマが広がる。
			山梨県		
54	紅葉台《こうようだい》	1165	0分	14.4km	紅葉台からは360度の大パノラマが広がり、富士山や青木ヶ原樹海が一望できる。山頂まで車で上がれ、駐車場と売店もある。
55	足和田山《あしわだやま》	1355	1時間	14.9km	駐車場と売店がある紅葉台までは車で上がり、ここから東に向かって稜線を行く。前景に木々などを入れ込む構図で撮影できる。
56	大平山《おおひらやま》	1295	1時間10分	16.3km	山中湖の湖北バス停からが近い。眼下に山中湖を見下ろせ、富士山が大きい。石割山から縦走してくるハイカーが多い。
57	烏帽子岳パノラマ台《えぼしだけぱのらまだい》	1327	1時間5分	17.3km	本栖隧道バス停、精進湖駐車場のどちらからでも登山時間には大差はない。烏帽子岳、パノラマ台ともに撮影ポイントである。
58	堂尾山《どうおやま》	830	1時間20分	18.2km	富士吉田の明見地区を眼下にしつつ富士山を望むことができる。最寄り駅は三ツ峠駅。マイカーなら町営グランドの駐車場を利用する。
59	杓子山《しゃくしやま》	1598	1時間30分	18.7km	不動ノ湯の先の林道ゲートからがいちばん近いが、高座山からも登れる。山頂では圧巻の富士山が眼前にあり、忍野村が眼下に望める。
60	黒岳《くろだけ》	1793	1時間25分	21.3km	新道峠までマイカーで入るのがいちばん近い。河口湖と街並みが眼下に見えるが、意外に絵作りが難しい。ひと工夫して撮影したい。
61	清八山本社ヶ丸《せいはちやまほんじゃがまる》	1593	1時間45分	23.7km	秀麗富嶽十二景の一つで、美しい富士山が望める。清八林道入口に駐車場がある。三ツ峠と組み合わせて歩いてみたい。
62	蛾ヶ岳《ひるがたけ》	1279	1時間30分	24.7km	四尾連湖から登山道に入る。山頂からは裾野を広げた富士山が撮れる。撮影には夕方の光線のほうが好ましい。
63	鳥屋山《とややま》	808	1時間15分	26.5km	立野峠から鳥屋山に向かう途中の小ピークから富士山が狙える。ここもあまり知られていないだろう。浜沢バス停からが近い。
64	笹子雁ヶ腹摺山《ささごがんがはらすりやま》	1358	1時間20分	28.4km	大月市と甲州市の境にある山。ここも秀麗富嶽十二景の一つ。甲府盆地や南アルプスの展望もよい。笹子峠から入山すれば山頂は近い。
65	貫ヶ岳晴海展望台《かんがだけはるみてんぼうだい》	897	1時間50分	29.2km	駐車場もある貫ヶ岳中沢登山口から登る。稜線の中沢焼山分岐で左に進めば展望台だ。富士山の眺めは申し分ない。
66	篠井山《しのいさん》	1394	1時間40分	30.1km	福士側川渓谷の奥にある。駐車場がある篠井山奥山登山口から登る。富士山撮影は、手前にブッシュが入るので長めのレンズがいい。
67	九鬼山《くきさん》	970	1時間40分	31.1km	九鬼山山頂よりも天狗岩からの富士山がおすすめ。富士急行線禾生駅が最寄り駅。下山は田野倉駅まで歩いてみたい。
68	滝子山《たきごやま》	1590	2時間25分	31.6km	秀麗富嶽十二景の一つ。特にツツジの開花期が美しい。タクシーで道証地蔵まで入り、初狩駅に下山する周遊ルートをとりたい。
69	姥子山《うばこやま》	1503	2時間	31.7km	秀麗富嶽十二景の一つ。富士山手前に見える3つの尾根の重なりがおもしろい。大峠に駐車し、雁ヶ腹摺山から目指せば比較的近い。
70	甲州高尾山《こうしゅうたかおさん》	1120	1時間	34.1km	南アルプスも一望できる。山火事により木々が焼失し、植林が行なわれており、木々が成長するまでは現在の景色を楽しむことができる。
71	高畑山《たかはたやま》	982	1時間25分	34.9km	秀麗富嶽十二景の一つ。倉岳山に縦走でき、共に超人気のある山だ。四季を通して富士山が狙える。
72	倉岳山《くらたけやま》	990	1時間35分	36.3km	秀麗富嶽十二景の一つ。高畑山に縦走でき、共に超人気のある山だ。四季を通して富士山が狙える。
73	兜山《かぶとやま》	913	1時間10分	37.4km	春日居町駅からタクシーで登山口まで行ける。前景に小さな山が入ってしまい、少しバランスは悪いが…。

74	要害山《ようがいさん》	780	30分	38.4km	甲府市にあり、山梨百名山に数えられる。積翠寺までバス便がある。ホテル要害の前が登山口。富士山は樹間から狙う。
75	百蔵山《ももくらさん》	1003	1時間45分	38.4km	秀麗富嶽十二景の一つ。山頂にサクラの木がある。登山口になる総合運動場に駐車場あり。中腹の展望台も撮影ポイントである。
76	棚山《たなやま》	1171	1時間45分	38.9km	笛吹市と山梨市との境界にある山。太良ヶ峠から入山し、ほったらかし温泉に下山できる。
77	興因寺山《こういんじやま》	854	1時間	39.4km	登山口の上帯那と積翠寺までバス便がある。淡雪山とあわせて周遊で楽しめる。どちらの山からも富士山が見える。
78	小倉山《おぐらやま》	955	35分	40.4km	マイカー利用。小倉山北面に駐車場が2カ所ある。バス便もあり周遊で歩ける。富士山の手前に入る稜線がやや重い。
79	帯那山《おびなやま》	1422	5分	43.1km	マイカーかタクシーを使えば5分ほどで山頂に立てる。遮るものがない山頂からの富士山は絶品。
80	御座敷の松《ござしきのまつ》	663	1時間40分	43.2km	四方津駅から高柄山を目指す途中の撮影ポイント。上部4分の1しか見えないが重厚感ある富士山が撮影できる。
81	権現山《ごんげんやま》	1312	1時間35分	43.2km	上野原駅から林道和見棚頭線で登山口までタクシーで入るのがいちばん近い。山頂からは富士山がひときわ大きく見えるだろう。
82	大菩薩峠《だいぼさつとうげ》	1900	1時間30分	44.0km	雷岩から大菩薩峠までの尾根からは富士山や南アルプスの山々が一望できる。上日川峠に広い駐車場がある。ここから往復したい。
83	鶴寝山《つるねやま》	1368	30分	45.6km	大菩薩嶺の東側に延びる尾根にある山。松姫峠までバスかマイカーで入る。小菅の湯へ縦走ができる。新緑と紅葉が美しい。
84	コヤシロ山《こやしろさん》	600	1時間30分	46.1km	上野原市街の山で、近年登山者が増えた。要害山と共にミニ縦走できる。特に新緑とヤマザクラの季節が狙い目だ。
85	小楢山《こならやま》	1713	1時間45分	46.9km	焼山峠登山口に駐車できる。「関東の富士見百景」の一山。山頂からは甲府盆地を一望でき、御坂山塊越しの富士山も見事。
86	黒川山《くろかわやま》	1710	1時間30分	48.1km	柳沢峠から東に張り出した尾根にある山。柳沢峠に駐車場があり、ここから往復するのが便利。展望台から富士山が見える。
87	茅ヶ岳《かやがたけ》	1704	2時間	49.5km	日本百名山の一つ。マイカーか、韮崎駅よりタクシーが便利。曲岳登山口に停められる。手前にブッシュが入るので長めのレンズが必要。
88	曲岳《まがりだけ》	1643	1時間	51.9km	マイカー利用。曲岳登山口に4～5台の駐車ができる。山頂から八丁側先には展望舞台というテラス状の岩場があり、眺望抜群。
			静岡県		
89	長者ヶ岳《ちょうじゃがたけ》	1336	2時間	17.6km	富士山の西部にあり、天子山地に属す山。田貫湖から登山道に入り、山頂からは富士山の大沢崩れが眼前に見える。
90	白水山《しろみずやま》	812	1時間40分	22.4km	国道398号から林道石神峠線に入る。石神峠に車を停められる。山頂からは展望がないので第一展望台と第二展望台から撮影する。
91	思親山《ししんざん》	1031	40分	22.7km	内船駅からタクシーかマイカーで佐野峠へ。駐車場とトイレがある。富士山の前景にヒノキ林が入るので点景で入れたい。
92	白鳥山《しらとりやま》	567	5分	24.5km	静岡と山梨の県境の山。歩くなら芝川駅から。マイカーかタクシーなら白鳥森林公園まで入れる。富士山の前景に尾根と富士宮市街が入る。
93	浜石岳《はまいしだけ》	707	30分	32km	浜石芝広場からが最短。眼下に駿河湾が望める気持ちのよい山頂だ。近くに薩埵峠もあるのであわせて撮影してもいい。
94	真富士山《まふじやま》	1343	2時間	38.3km	第一真富士山と第二真富士山を総称して真富士山という。平野地区から林道を詰めて登山口へ。最近はヒルの被害が出ているようだ。
95	玄岳《くろたけ》	799	30分	41.6km	熱海市、函南町、伊豆の国市にまたがり、伊豆半島の最北の位置にある。山頂からは360度の展望。氷ヶ池など見どころが多い。
96	発端丈山《ほったんじょうさん》	410	55分	41.8km	内浦湾の三津から登る。駿河湾に浮かぶ淡島と富士山という特徴的な景色が楽しめ、行き来する船などを入れて撮影してみたい。
97	笹山《ささやま》	1763	20分	42.2km	安倍奥の名山。新静岡ICから県民の森ルートで井川峠を目指す。通行規制があるので必ず確認を。山頂直下に駐車できる。
98	文殊岳《もんじゅだけ》	1041	1時間10分	42.7km	南側の一等三角点のある文殊岳と、北側の薬師岳の2つの峰からなる双耳峰。信仰の山で中腹には穂積神社があり、マイカーの駐車も可能。
99	満観峰《まんかんほう》	470	1時間	61.5km	焼津市の花沢の里から入山する。駐車場もある。大パノラマの広い山頂にはハイカーが絶えない。静岡市街と富士山が撮影できる。
100	高草山《たかくさやま》	501	1時間15分	63.6km	焼津市の林叟院に駐車場があり、最短で登れる。山頂には無線中継所がある。富士山の左に木が入るので海側から撮影したい。

私が富士山を撮るきっかけになったのは、約40年前、山中湖のワカサギ釣りでの出来事だった。富士山にかかっていた雲が取れ始めてすっきりと見えてきたのだ。その、どんどん変わってゆく姿に魅せられて釣り竿を放り出し、富士山に見入っている自分があった。これが原点である。それからは富士山を追い続けることになってしまった。

富士山を狙うカメラマンは数多くの先駆者がいるため、結果として山に登り、富士山と対峙する撮影スタイルをとることになった。つまり、忍野や河口湖からの富士山では勝てないけれど、笠取山からの富士山なら勝負になるというわけである。

富士山は自分にとって何かといえば恋人である。こんな素敵な彼女はいない。そっぽを向かれることもあるが、時には優しく微笑んでくれたりもする。右から見ても左から見ても正面からでも、同じ顔は二度とない。まさに素敵な如是相だ。仏のお化粧なのである。そんな富士山をどんな姿で撮ってあげようかと考えると眠れなくなる。華やかなサクラと一緒に撮ろうか、艶やかなツツジが

似合うか、雪や紅葉を着せたらどうだろう、と思いをめぐらせ、さらには頭の上にダイヤモンドを輝かせたら、パールで飾ってあげたいなとか、ちりばめた宝石（星）で包んであげようなどと、枚挙にいとまがない。どんな素敵な光景も一期一会である。そんな出逢いを大切にしたい。

ここに収録されている作品は、関東と隣県の1都8県、２０００ｍ以下の低山で撮影をした。こんな山でこんな絶景が見られるのか！ という驚きがコンセプトである。作品のこだわりとしては、富士山の裾野が美しく入っていることが第一条件だ。1都8県で富士山の見える低山はおおむね４００近くあり、その中で裾野が美しく絵になる山は２００に及ぶ。むろん同じような絵柄もあるので、数だけ揃えればよいというものではないが、ここに収録されているのはその4分の1にあたる。

作品を揃えるにあたり、まずは、どの山からどのシチュエーションで狙うかを吟味した。ダイヤモンド富士にパール富士、山の風物詩に、撮りたい山の四季や富士山との距離なども重要な要素になるのは言うまでもない。あらゆる角度から調査した。

何度も同じ山に通った作品もあるし、狙いどおり一回の登山で仕留めた作品もある。逆に、何度通っても読みが外れてダメだったものもある。

また、彩雲や雲海など思いもよらぬ光景に出逢うこともあった。だから写真はおもしろい。落胆もあるが苦労が報われるときもある。

大自然が作り出す光景に願いはあっても文句は言えないものだ。富士山の撮影には執念が何よりも必要であり、孤独な闘いであると書いておきたい。

出版にあたり、素晴らしい表現力で文章をまとめてくれたライターの遠藤氏、秀逸なレイアウトをしてくれたデザイナーの天池氏に感謝を申し上げると共に、山と溪谷社の吉野氏をはじめ、出版に関わってくれた全ての関係者に心より感謝を申し上げたい。ますますのご教示を賜れればと願ってやまない。

日本画の巨匠・横山大観氏は「富士山は理想を以て描かなければならない」と語っている。私もまったく同感である。

この貴重な景観、世界に誇れる名峰を、あらゆる角度からこれからも撮り続ける決意である。

低山フォトグラファー
渡邉明博

デザイン　天池 聖（drnco.）
DTP　大場直一（ベイス）
地図製作　アトリエ・プラン
執筆協力　大倉洋右
写真協力　戸田雅夫
菊地弘幸
庄内春滋
宮川 正
青木貴子
藤島 浩
星野恒行
堀内カラー
校正　末吉桂子
編集　遠藤裕美
吉野徳生（山と溪谷社）

渡邉明博　わたなべ あきひろ

1957年生まれ、杉並区在住。中学時代にSLファンになり写真を始める。1976年よりスタジオ撮影を始め、商業写真カメラマンを経て、フリーランスカメラマンに。富士山撮影をライフワークとし、最近では中央線沿線の山をはじめ、低山の四季折々の風景を撮り続けている。過去に、岳人賞・準年度賞受賞、花鳥風月フォトコンテスト入選、白籏史朗賞・日本山岳写真コンテスト入選。また、『岳人』にてカラーグラフ「富士を見る山写す山」を連載、「『岳』山稜の光彩」山岳写真展に31年連続出品、「岳」山岳カレンダーに31年連続掲載、NEXCO中日本エクスパーサ談合坂にて富士山映像発表。著書に『アルペンガイド 高尾山と中央線沿線の山』、『アルペンガイド 奥多摩・奥秩父』『分県登山ガイド12 東京都の山』（共著、いずれも山と溪谷社）などがある。現在、山岳写真ASA会長。

すばらしい富士に出逢える！

富士山絶景撮影登山ガイド

2019年7月1日　初版第1刷発行

著　　者　渡邉明博
発 行 人　川崎深雪
発 行 所　株式会社山と溪谷社
〒101-0051
東京都千代田区神田神保町1丁目105番地
http://www.yamakei.co.jp/

◎乱丁・落丁のお問合せ先
山と溪谷社自動応答サービス　☎03-6837-5018
受付時間／10:00～12:00、13:00～17:30（土日、祝日を除く）
◎内容に関するお問合せ先
山と溪谷社　☎03-6744-1900（代表）
◎書店・取次様からのお問合せ先
山と溪谷社受注センター　☎03-6744-1919　FAX03-6744-1927

印刷・製本　図書印刷株式会社

定価はカバーに表示してあります。
乱丁・落丁などの不良品は送料小社負担でお取り替えいたします。

Printed in Japan
ISBN 978-4-635-53069-9

＊本書に掲載した地図の作成に当たっては、国土地理院長の承認を得て、同院発行の数値地図（国土基本情報）電子国土基本図（地図情報）、数値地図（国土基本情報）電子国土基本図（地名情報）、数値地図（国土基本情報）基盤地図情報（数値標高モデル）および数値地図（国土基本情報20万）を使用しました。（承認番号 令元情使、第181号）

＊本書の取材・執筆にあたりましては、青ヶ岳山荘、尊仏山荘、笠取小屋をはじめ各市町村、交通機関、山岳写真ASAの皆さま、メモリープレスならびに多くの登山者の皆さまにご協力をいただきました。お礼を申し上げます。